O Oitocentos entre livros, livreiros, impressos, missivas e bibliotecas

O Oitocentos entre livros, livreiros, impressos, missivas e bibliotecas

Tânia Bessone da Cruz Ferreira
Gladys Sabina Ribeiro
Monique de Siqueira Gonçalves

(organizadoras)

Copyright© 2013 Tânia Bessone da Cruz Ferreira, Gladys Sabina Ribeiro, Monique de Siqueira Gonçalves

Grafia atualizada segundo o Acordo Ortográfico da Língua Portuguesa de 1990, que entrou em vigor no Brasil em 2009.

Publishers: Joana Monteleone/Haroldo Ceravolo Sereza/Roberto Cosso
Edição: Joana Monteleone
Editor assistente: Vitor Rodrigo Donofrio Arruda
Projeto gráfico, capa e diagramação: Ana Lígia Martins
Revisão: Alexandra Colontini
Imagem da capa: Winslow Homer, *Girl Reading on a Stone Porch*, 1872. Óleo sobre tela.

CIP-BRASIL. CATALOGAÇÃO-NA-FONTE
SINDICATO NACIONAL DOS EDITORES DE LIVROS, RJ

R83

O OITOCENTOS ENTRE LIVROS, LIVREIROS, IMPRESSOS, MISSIVAS E BIBLIOTECAS
Tânia Bessone da Cruz Ferreira, Gladys Sabina Ribeiro, Monique de Siqueira
Gonçalves (orgs.)
São Paulo: Alameda, 2013.

Inclui bibliografia
ISBN 978-85-7939-240-5

1. Livrarias - Brasil - História. 2. Brasil - História cultural - século XIX

08-5411.   CDD: 981.04
                  CDU: 94(81)"1822/1930"
                                          010129

ALAMEDA CASA EDITORIAL
Rua Conselheiro Ramalho, 694 – Bela Vista
CEP: 01325-000 – São Paulo, SP
Tel.: (11) 3012-2400
www.alamedaeditorial.com.br

Sumário

Parte I – Livros, impressos, bibliotecas e ciência no Império do Brasil

Livros, leituras, impressos, bibliotecas e coleções
na trajetória do naturalista e homem público José
Bonifácio de Andrada e Silva (1780-1838)   9

Alex Gonçalves Varela

Mapa e poder nas grandes exposições: 39
preparo para Filadélfia
Bruno Capilé, Moema de Rezende Vergara

Livros, teses e periódicos médicos na construção do   59
conhecimento médico sobre as doenças nervosas na
Corte Imperial (1850-1880)

Monique de Siqueira Gonçalves

PARTE 2 – Imprensa e poder no Império do Brasil

O *Espelho Diamantino* e os exemplos de virtude   91
feminina no Rio de Janeiro do
Primeiro Reinado (1827-1828)
Fernando Santos Berçot

A *Revista Popular* (1859-1862) e a nacionalidade 119
de seus colaboradores

Ligia Cristina Machado

A imprensa *Matutina* e o antilusitanismo em Goiás no 143
início do período regencial

Martha Victor Vieira

PARTE 3 - Livros, livrarias, missivas e poder no Império do Brasil

Os livros, a Livraria B.L Garnier e os modos de leitura 171
de um político do Império

Beatriz Piva Momesso

O que dizem as cartas? Café e negócios no 199
Vale do Paraíba Oitocentista

Raimundo Cesar Mattos

Sobre fortunas e desventuras de um "mulato" entre os 231
mundos das letras e da política do Império do Brasil:
um pequeno mergulho na trajetória de
Francisco Montezuma

Sebastião de Castro Junior

Parte I

Livros, impressos, bibliotecas e ciência no Império do Brasil

Livros, leituras, impressos, bibliotecas e coleções na trajetória do naturalista e homem público José Bonifácio de Andrada e Silva (1780-1838)

Alex Gonçalves Varela[1]

A presença do Ilustrado José Bonifácio de Andrada e Silva (Santos, SP, 1763-Niterói, RJ, 1838) na bibliografia especializada se dá em função de seu perfil de homem público, evidenciando a atuação do personagem no mundo da política enquanto ministro e parlamentar. Tais análises dão relevância à atuação do personagem no período da Independência, quando atuou como ministro, e em torno do indivíduo se configurou a criação do mito político que criou para o mesmo a denominação de "patriarca da Independência".

José Bonifácio notabilizou-se não apenas como homem público, mas também como um estudioso e pesquisador do mundo natural (CAVALCANTE, 2001; VARELA, 2006; 2009). Assim, temos como objetivo central mostrar que em sua trajetória de vida os perfis de homem público e naturalista são indissociáveis, fato que caracteriza o homem da Ilustração do século XVIII. Neste estudo buscaremos recuperar os livros e as leituras que foram primordiais para a sua formação; os impressos que publicou nas diversas sociedades e instituições científicas em que atuou; a rica e valiosa biblioteca que formou

---

1 Professor Visitante do Departamento de História da UERJ. Doutor em Ciências pelo Instituto de Geociências da Unicamp.

ao longo de toda a sua trajetória; e, por fim, as coleções de "produtos naturais" que organizou a partir das viagens filosóficas que realizou. Livros, leituras, impressos, bibliotecas e coleções são itens de extrema relevância para mostrar a importância da atuação deste homem herdeiro da tradição do reformismo ilustrado luso-americano e um dos construtores do Império do Brasil.

José Bonifácio nasceu no espaço colonial, no seio de uma família rica, poderosa e de grande prestígio. Ingressou na Universidade de Coimbra, nos cursos de Direito Canônico e Filosofia Natural, juntando-se às elites cultas da metrópole que ali estudavam (SILVA, 1999, p. 26).

Na Faculdade de Filosofia ganhou destaque a Cadeira de História Natural, lecionada pelo paduano Domenico Vandelli, que ensinava tendo como base os "livros de Linneu" (Carl Von Linné) (FIGUEIRÔA, 1997). Contudo, na sua prática como naturalista não se restringiu aos livros do estudioso sueco, tendo utilizado também os manuais de classificação de Abraham Gottlob Werrner, Johann Gottschalk Wallerius e o de Romé de l'Isle.

Após receber o grau de bacharel foi admitido como sócio da Academia Real das Ciências de Lisboa. Neste espaço, Bonifácio integrou o grupo de naturalistas liderado pelo já referido Vandelli (MUNTEAL FILHO, 1993). Foi o responsável por apresentar diversos estudos no campo da História Natural, muitos dos quais foram impressos nas *Memórias Econômicas da Academia Real das Ciências de Lisboa*. Outros permaneceram manuscritos até os dias de hoje. Ao deslocar o foco de análise da trajetória de vida do personagem da atuação enquanto político para a de estudioso das ciências naturais, conseguimos encontrar no âmbito das coleções de manuscritos pertencentes ao Ilustrado, localizadas em diversas bibliotecas e instituições arquivísticas, muitos desses estudos, que agora estão sendo por nós publicados (VARELA, 2002).

Nestes estudos chamados de *Memórias*, ou seja, como eram chamados os textos científicos até o século XIX, e que não dizem respeito a um "processo ou faculdade psicológica historicamente construída", observa-se a primazia dos textos de caráter mineralógico, ainda que não somente exclusivos sobre esta temática. Por meio destes textos observa-se ainda que o pragmatismo e o utilitarismo estiveram presentes na prática científica do personagem. Tais atributos, contudo, não foram exclusivos da Ilustração luso-americana. As ciências naturais modernas de perfil baconiano, em sua essência, pressupunham a utilidade e o bem-estar dos homens. Para Bacon, a História Natural era uma forma de investigação destinada a registrar o conhecimento do mundo para uso e aperfeiçoamento da humanidade. E será na direção da procura da utilidade que o estudo da natureza convergirá no século XVIII, firmando-se, assim, como a crítica do conhecimento diletante. Novos museus, jardins botânicos, academias científicas e coleções tomaram o lugar dos gabinetes de curiosidades e dos jardins consagrados exclusivamente ao deleite aristocrático. A História Natural que se estabeleceu nas instituições europeias, como, por exemplo, nas francesas da última década do século XVIII, era marcada por um forte utilitarismo (KURY, 2001, p. 132; KURY; CAMENIETZKI, 1997).

Seguindo as considerações das historiadoras das ciências Lopes & Figueirôa (2003), vários trabalhos sobre o tema da Ilustração luso--americana do Setecentos têm sido produzidos sob enfoque que prioriza as conotações político-econômicas do processo, o que deixa de lado a produção cultural-científica do período, não incorporando os entendimentos de ciências efetivamente veiculados e postos em prática para alicerçar os processos modernizadores de Portugal e do

Ultramar. Na maioria dos casos, de acordo com as considerações das referidas historiadoras das ciências, reduz-se todo o movimento do Império Português de adesão às ciências modernas a apenas "utilitarismos", "pragmatismos", "imediatismos", de conotações pejorativas. Ademais, reforçam-se visões que partilham as noções do "atraso" científico português e, consequentemente brasileiro, e sua inviabilidade de participação nas ciências europeias do período.

Na Academia, despertou a atenção do Duque de Lafões, um dos fundadores da corporação, homem que tinha parentesco com a Casa Real e expressiva influência no Paço. No período pombalino, em função da pouca simpatia do primeiro ministro josefino à sua pessoa, ele se ausentara de Portugal viajando por diversas cortes europeias, tornando-se assim um típico representante do pensamento estrangeirado, a diagnosticar o atraso cultural do Reino. Tanto que, ao retornar, no ano de 1779, contrastou a situação da nação lusa com aquelas onde havia estado, e identificou a necessidade de reformas como um dos principais problemas a ser vencido na viabilização de sua prosperidade econômica e política (SILVA, 2006). Interessado, então, na difusão das "luzes" da civilização europeia pelo Reino, conseguiu que Bonifácio fosse agraciado com uma pensão real para participar de uma "viagem filosófica" por diversos países da Europa Central e Setentrional com o intuito de obter os modernos conhecimentos mineralógicos.

Nesta viagem, Bonifácio frequentou as principais escolas de minas da época, como as Escolas de Minas de Paris e de Freiberg, e visitou importantes regiões de tradição mineira e suas respectivas áreas de mineração. O empreendimento serviu também para que Bonifácio começasse a montar a sua coleção de minerais, bem como a sua biblioteca de obras científicas, políticas e literárias. Foi nesse momento também que o "português d´Andrada", ganhou reconhecimento e prestígio perante à comunidade internacional de mineralogistas, quando descobriu e descreveu quatro novos minerais: o espodumênio, a petalita, a criolita, e a escapolita (VARELA, 2006).

A coleção de Bonifácio era composta não só de materiais minerais, mas também de "modelos de máquinas apropriadas aos diferentes ramos de indústria, como estampas iluminadas de quadrúpedes e pássaros; e igualmente algumas medalhas antigas, e restos de ouro e prata".[2]

No século XVIII, as coleções, e nesse caso está inserida a de José Bonifácio, almejavam um profundo rigor científico, sendo então classificados os seus objetos a partir da divisão básica dos três reinos da natureza: o vegetal, o animal e o mineral. Ademais, as coleções deveriam fundamentar a pesquisa científica, que caracterizar-se-ia pela associação entre o epistêmico e o utilitário. (POMIAN, 1990)

Diferentemente das atividades dos antigos colecionadores e antiquários cujo fim seria a curiosidade ou o luxo, o novo sentido das coleções era dado pelo estudo do material recolhido, estímulo para a pesquisa científica. Enquanto as antigas coleções (séculos XVI e XVII) obedeciam ao princípio da imaginação, as novas deveriam resultar da observação dos fatos e da comparação das observações, produzindo assim conhecimento mais seguro a partir do material recolhido. Inscrito num registro diverso, o texto daí resultante deveria dar conta de uma realidade rigorosamente submetida à observação sistemática (*idem, ibidem*).

---

2   Arquivo do Museu Nacional, doc. 75, pasta 2.

Por sua vez, a sua biblioteca[3] era bastante farta e diversificada, e chamou a atenção de viajantes que passaram pelo "Brasil" no início do século XIX, como Maria Graham:

> Sua biblioteca estava bem provida de livros em todas as línguas. A coleção de química e de mineração é particularmente extensa e rica em autores suecos e alemães. Estes são realmente assuntos de peculiar interesse para o Brasil e foram naturalmente de primeira plana para ele. Mas seu encanto é a literatura clássica. (*apud* SUSSEKIND, 1990, p. 96)

Um documento bastante interessante relativo à viagem é o *Diário de Observações, e Notas Sobre as Minhas Leituras, Conversações e Passeios,* que José Bonifácio escreveu quando estava na Dinamarca. No primeiro dia (22 de outubro), apresentou o método estabelecido para os estudos, que compreendia pela manhã, o ler e ver, e à tarde, o conversar e perguntar. Ele somava aos estudos a conversação com os sábios, com os homens de ciência, o que lhe permitiria "iluminar" o espírito e alcançar o conhecimento. Ademais, afirmou que

---

3   Cabe explicar que sobre a biblioteca de José Bonifácio, só temos informações a partir de comentários de pessoas contemporâneas ao Ilustrado que de fato "viram com os próprios olhos" o conjunto de livros. Não há nas coleções de manuscritos do personagem nenhum catálogo ou um outro instrumento qualquer informando sobre as obras existentes na sua biblioteca. Em suas coleções de manuscritos há listagens de livros, contudo não podemos afirmar que seriam os livros que o mesmo possuía em seu acervo. Poderiam ser listas de livros que o personagem desejava adquirir ou, até mesmo aqueles que de fato compunham sua rica biblioteca. Alguns, de fato, o Andrada possuía, pois, ao lado da informação da obra, há comentários sobre a mesma, o que testemunha que ele já havia lido o exemplar. Contudo, não podemos afirmar com exatidão se pertenciam ou não à sua biblioteca.

O Oitocentos entre livros... 15

os livros mais interessantes leria duas vezes e faria extratos à maneira de "Gibbon (Edward Gibbon – historiador inglês) e Forster, o filho (Georg Foster)".

Após se referir a sua chegada à Dinamarca e a sua recepção por João Rademacker, militar e diplomata português que desempenhava a função de representante de Portugal naquele país, Bonifácio comentou sobre as leituras que realizou, sobretudo as do campo da Mineralogia. Nesse primeiro dia, ele afirmou ter lido as obras de Ezmark, principalmente as suas ideias sobre Orictognosia e as notícias de Petersen sobre as práticas montanísticas na Suécia. E, entre as outras obras mineralógicas que faziam parte das suas leituras, estavam:

> Li vários cadernos do Magazin Encyclopédique, o terceiro volume da *Mineralogia de Esthner*, o tratado *Uber Mineralogie, und das Mineralogische Studium*; não acabei Schelling, *Ideen zu einer Philosophie der Natur*, a mineralogia de Lineu. (SILVA, in DOLHNIKOFF, 1998, p. 349)

Aos livros de estudos mineralógicos, adicionava as memórias de literatura portuguesa e os trabalhos de Edward Gibbon.

Porém, para melhorar os seus escritos, uma vez que reclamava que eles eram "secos" por causa do "estudo dos nomencladores e sistemáticos que tem apagado a minha imaginação", Bonifácio se propunha a exercitar-se na arte de "*débrouiller mes idées* com clareza, dignidade e graça" (*idem, ibidem*, p. 349-350). Para conseguir alcançar o talento da narração e dos detalhes importantes, deveria ler e imitar Tito Lívio, Cícero, Aristóteles, Tácito, autores da antiguidade clássica, assim como Voltaire, Gibbon, Buffon, Herder, autores da Ilustração.

Retornando à análise do Diário, no segundo dia (23 de outubro), José Bonifácio iniciou relatando – em francês – que deveria ler determinados autores e as suas respectivas obras. Entre esses estudiosos estava Leclerc e a sua *Ars critica*, além de outras obras filosóficas e científicas; as obras de Pierre Gassendi, "filósofo dos literatos e literato dos filósofos"; o Leibniz literário; e o *Dicionário Histórico e Crítico,* de Pierre Bayle. Em outra passagem argumentou que cumpria "reler o *Journal des Savants*, da Bibliótheque Universelle et Raisonée de Le Clerc, et *La Republique des lettres,* de Bayle. Ler sobre as antigas ideias físicas dos antigos mr. Frenet, Mendel, *Abc des belles lettres*" (*idem, ibidem*, p. 354).

O cruzamento das leituras de autores e das suas respectivas obras, tanto os da Ilustração quanto os da tradição clássica, é uma característica que percorre as páginas do diário do Andrada. Ele não separava os autores por suas épocas, lendo-os conjuntamente e fazendo assim as suas respectivas sínteses. Portanto, associava as leituras dos "modernos", como Bacon, Leibiniz, Fontenelle, Bayle, Montesquieu, entre outros, com os "antigos", como Aristóteles, Sêneca, Tácito, Virgílio, Plutarco, entre outros.

De acordo com José Bonifácio, a viagem foi imprescindível para a especialização de sua trajetória como naturalista. Ele se tornou, como ele próprio afirmava, um "metalurgista de profissão".

A formação científica em Coimbra e sua complementação pela viagem credenciaram a inserção de Bonifácio no âmbito da "elite do conhecimento" interessada no estudo da natureza e do homem, em função do programa reformista de exploração científica, sistemática e metodológica da natureza do Reino e das colônias, relacionando com aspectos geográficos (DOMÌNGUES, 1991). Bonifácio foi arregimentado por D. Rodrigo de Souza Coutinho, ministro da Marinha e do Ultramar, para assumir postos importantes no âmbito

O Oitocentos entre livros... 17

da administração central do Império Português, visando à aplicação firme e eficiente da sua política reformista (NEVES, 2007; SILVA, 2010).

A associação entre os "homens da política" e os "homens de ciência" estava estabelecida, ou melhor, entre aqueles que produziam o conhecimento científico e os que eram capazes de arregimentar apoio e recursos financeiros necessários ao desenvolvimento das ciências (MUNTEAL FILHO, 1998).

D. Rodrigo criou a Intendência Geral das Minas e Metais e nomeou Bonifácio para exercer o cargo de Intendente por Carta Régia de 18 de maio de 1808, Intendente Geral das Minas e Metais do Reino, órgão estatal que seria o responsável pela política de pesquisa e exploração dos recursos minerais em Portugal. Portanto, o referido cargo deveria ser ocupado por uma pessoa que tivesse conhecimentos profundos e experiência na área de mineração (VARELA, 2006).

Como intendente, o naturalista realizou inúmeras viagens pelo território português com o objetivo de mapear as áreas que apresentassem possibilidades futuras de exploração, bem como avaliou a necessidade de utilizar os recursos naturais de forma planejada e racional, pois eles continham grandes potencialidades econômicas para o Estado português. Ele também recolheu diversos materiais mineralógicos, que contribuíram ainda mais para incrementar a sua coleção de produtos de minerais.

Além do aludido posto, Bonifácio foi nomeado para assumir outros cargos como o de Superintendente do Rio Mondego e Obras Públicas da Cidade de Coimbra (Alvará de 13/07/1807), de Desembargador da Relação do Porto (Carta de 08/08/1806), Lente da Cadeira de Metalurgia da Universidade de Coimbra (Carta Régia de 15/04/1801), Diretor do Curso Docimástico da Casa da Moeda de Lisboa (Decreto de 12/11/1801), primeiro-secretário da

Academia Real das Ciências de Lisboa, entre outros. Para o intendente, maior não poderia ser sua glória que ver recompensado com tanta Real Grandeza, os serviços que a obrigação de fiel vassalo lhe impunha (RAMINELLI, 2008).

Após ficar por um período de trinta e nove anos em Portugal, Bonifácio retornou ao "Reino do Brasil", quando este já havia se tornado a sede do Império português, e o Rio de Janeiro havia se tornado a sua nova capital, e local onde a Corte se instalara. Ele ficou em Santos, onde começou logo a se imiscuir nas mais variadas atividades, mostrando todo o seu interesse em querer estar à disposição da sociedade santista para juntos enfrentarem os problemas locais. A primeira grande atividade exercida pelo personagem foi a viagem mineralógica realizada pela Província de São Paulo, entre os meses de março e abril de 1820, em companhia do irmão Martim Francisco Ribeiro de Andrada.

É corrente na historiografia brasileira a afirmação de que a única atividade científica desenvolvida por José Bonifácio no Brasil foi a viagem mineralógica, pois depois passou a se dedicar às atividades políticas (FALCÃO, 1979, p. 447). Entretanto, a pesquisa realizada em suas coleções de manuscritos localizadas em bibliotecas e instituições arquivísticas do Rio de Janeiro e de São Paulo nos revelou uma outra perspectiva. Constatamos que o personagem elaborou uma série de projetos para o desenvolvimento científico do Brasil, como a criação de companhias mineiras, de uma Academia Metalúrgica e de uma universidade, de uma Sociedade Econômica, de museus de História Natural, a instalação de tipografias para a publicação de estudos científicos e o estímulo à realização de viagens científicas, entre outros, contrariando a perspectiva historiográfica que até então se fez presente. É necessário mudar de visão, pois todos esses espaços institucionais públicos e de sociabilidade científica configuram as características da história natural moderna (LOPES, 2001), transparecendo assim nesses projetos a modernidade do pensamento do autor. Ele estava consciente da importância de se implantar o conjunto das necessidades da história natural para institucionalizar as ciências como meio de desenvolvimento do "Reino do Brasil" (VARELA, 2009).

O prestígio de José Bonifácio perante as autoridades do "Reino do Brasil" não era pequeno, uma vez que na metrópole havia tido grande destaque nos cargos estatais que ocupara. Em função de toda a "inteligência, zelo e distinção" com que vinha servindo ao rei D. João VI nas coisas públicas, este último, em 18 de agosto de 1820, assinou uma Carta de Mercê concedendo-lhe o título de membro do Conselho de Estado. A partir de então, deveria dar conselhos fiéis ao rei sempre que este lhe pedisse. A carreira política do personagem começava a dar os primeiros passos.

O desempenho de José Bonifácio como conselheiro do Estado, assim como pelos "bons serviços praticados com muita inteligência" nos cargos que desempenhou em Portugal, foi reconhecido pelo príncipe regente D. Pedro, o qual concedeu ao estudioso uma pensão, pelo Decreto s.nº de 14 de maio de 1821. Esta equivaleria à metade dos vencimentos que ele recebia da Real Fazenda em Portugal.

O recebimento de tal pensão, assim como o cargo de conselheiro de Estado, evidencia a posição de destaque do Andrada em sua sociedade. Isso porque vivia praticamente às custas do monarca, e quanto maior era essa dependência, maior era o prestígio do beneficiário. O privilégio significava a proximidade com D. Pedro, a participação em sua vida e o recebimento de pensões. Além disso, diferenciava-o dos não privilegiados, ou seja, dos homens livres e pobres da sociedade colonial, de quem importava guardar distância e esperar subordinação.

Esse primeiro cargo político no "Reino do Brasil" logo seria sucedido por muitos outros, pois tal era a competência do personagem. Com a explosão de movimentos liberais na Europa no ano de 1820, e, em particular, em Portugal, com a Revolução Liberal do Porto, este último movimento modificaria a vida de Bonifácio. Ele foi nomeado presidente da Junta Provisória da Província de São Paulo, e escreveu a importante *Lembranças e apontamentos do governo provisório de São Paulo a seus deputados* (BERBEL, 1999; DOLHNIKOFF, 2003).

Com o convite feito por D. Pedro a José Bonifácio para ser o seu principal ministro, a intromissão deste nos assuntos políticos do país ocorreu de forma definitiva. Junto com Bonifácio, viria o irmão Martim Francisco, que passava a ocupar a pasta da Fazenda, constituindo assim o gabinete dos Andradas, responsável pela elaboração de um projeto político que buscava construir uma nação civilizada nas Américas. A partir desse momento, os estudos mineralógicos deixaram de ocupar o lugar central na trajetória de vida do personagem, uma vez que a preocupação principal passou a ser aquela voltada para a formulação de um projeto político para o país que começava a surgir.

Em 1823, no auge do processo de Independência, assumiu cadeira de deputado na brevíssima Assembléia Geral Constituinte (a primeira de nossa história), atuando somente durante um curto período, quando propôs dois projetos de lei fundamentais: um, sobre a integração dos índios na sociedade brasileira, e, outro, sobre a abolição da escravatura e emancipação gradual dos escravos. Contudo, em seus textos impressos políticos, observamos a utilização de metáforas científicas, que deixavam transparecer a importância que a história natural, sobretudo a mineralogia, teve em sua formação (VARELA, 2009). Tal fato nos leva a afirmar que as faces de naturalista e de político (estadista e parlamentar), como já argumentamos, na trajetória de vida do personagem são indissociáveis, característica esta presente nos Ilustrados do século XVIII.

A primeira metáfora científica que observamos em seus textos políticos foi a ideia de amalgamação, que apareceu no pensamento do ilustrado no ano de 1813, quando ainda estava em Portugal, numa carta enviada ao conde de Funchal (irmão de D. Rodrigo de Sousa Coutinho). Assim comentou o Andrada:

> Amalgamação muito difícil será a liga de tanto metal heterogêneo, como brancos, mulatos, pretos livres e escravos, índios etc. em um corpo sólido e político. Se agora já pudesse tomar a liberdade de lhe enviar por escrito as idéias que me têm ocorrido sobre novas leis regulativas da escravatura, inimiga política e amoral mais cruel que tem essa nova China, se com tempo e jeito não se procurar curar esse cancro, adeus um dia do Brasil. O outro objeto que me tem merecido muita meditação e desvelo são os pobres índios, assim gentios como domésticos. Para que a raça desgraçada desta mísera gente não desapareça de todo, é mais que tempo que o governo pense seriamente nisto: a povoação do país, a religião e a humanidade há tempo por um sistema sábio, ligado e duradouro. (IHGB, l. 191 doc. 4845, fl. 2)

Na citação acima, observamos a linguagem científica que o personagem utilizou para tratar dos problemas de ordem social do "Reino do Brasil". O termo amalgamação era retirado do vocabulário da química e passava a ser utilizado em suas reflexões sobre a sociedade brasileira. Os amálgamas, ou seja, as ligas de metais, foram utilizados por José Bonifácio para nomear aqueles que representavam a heterogeneidade da população brasileira constituída por brancos, mulatos, pretos livres e escravos, índios, entre outros. Essa liga de "metal heterogêneo" foi considerada, no ponto de vista do autor, como representando a união de uma sociedade dividida em grupos aparentemente inconciliáveis, pois caso não se amalgamassem tantos metais diversos, o novo país corria o risco de se desmembrar ao leve toque de qualquer convulsão política. Para que criassem laços de solidariedade entre os diversos segmentos sociais, gerando um sentimento de pertencimento a uma mesma comunidade nacional, eram necessários o fim da escravidão e a integração dos índios. O que estava em jogo, sem dúvida, era a própria construção da nacionalidade brasileira, e para alcançar o rol das nações civilizadas, essa "população nacionalizada" deveria ser educada por meio dos princípios da boa política, pois só assim poderia haver um sistema de governo "sábio, ligado e duradouro".

A condução desse projeto de elaboração de uma "liga" social mais homogênea e resistente que possibilitasse a formação de uma nação una e indivisa deveria estar nas mãos dos homens de razão, pois, segundo Bonifácio, "o legislador sábio e prudente é um escultor, que, de pedaços de pedra, faz estátuas" (SILVA in DOLHNIKOFF, *op. cit.*, p. 156).

A liberdade para os negros e a incorporação do gentio à sociedade brasileira era, por si só, uma atitude importante para harmonizar a população. Porém, reformas profundas urgentes conduzidas pelo próprio Estado também eram necessárias. E, sabendo muito bem disso, na Assembléia Constituinte de 1823, quando os homens de governo do Império do Brasil se reuniram para discutir e elaborar a nossa primeira Constituição, Bonifácio apresentou dois projetos de reforma da nossa sociedade que tinham como objetivo o fim da escravidão negra e a civilização dos nativos.

Essa preocupação do ministro José Bonifácio em estudar os nativos e os negros era uma típica atitude de um indivíduo que se afirmava como um "naturalista de profissão". No final do século XVIII e início do século XIX, a antropologia ainda não existia e não tinha seu campo de estudo delimitado. A "ciência do homem" era um ramo da filosofia natural, vinculada às ciências físicas e biológicas. O homem natural era objeto das observações dos naturalistas.

O termo "antropologia" em meados do século XVIII pertencia ainda ao vocabulário da anatomia. Na *Encyclopédie*, o verbete anatomia de Diderot definia que esta ciência tinha por objeto o corpo humano, constituindo a arte que muitos chamavam antropologia. O artigo antropologia assinalava: "na economia animal, é um tratado do homem". O conceito de economia animal significava a consideração do homem como um todo; nele residia a distinção entre *antropografia*, que é a descrição do homem, e a *antropologia*, discurso que torna o homem como objeto e não como sujeito, preferência da anatomia. Ou seja, em pleno Setecentos, a antropologia formava parte ainda do vocabulário da anatomia e significava "estudo do corpo humano" (DUCHET, 1984, p. 202).

A Ilustração produziu um esforço muito grande para introduzir de forma sistemática o método científico elaborado pelas disciplinas físico-matemáticas ao campo das investigações em torno do homem. Buffon (Georges-Louis Leclerc, conde de Buffon, Montbard, 7 de setembro de 1707 – Paris, 16 de abril de 1788), em sua *História Natural do Homem* (1749), concebeu-o como um ser animado e vivente, inserido por intermédio de suas interações em um meio natural, despregado evolutivamente em uma historicidade com tempos e leis humanas. O naturalista francês classificou o homem como um ser natural que deveria estar situado na classe dos animais, aos quais se "parece em tudo o que tem de material". Era, portanto, função do naturalista estudá-lo (*idem, ibidem*, p. 204-5).

Lineu em suas classificações zoológicas também colocava o homem, aí incluindo o homem natural, no Reino Animal, na classe dos mamíferos, ordem dos Primatas. Já nas classificações de Georges Cuvier (Montbéliard, 23 de agosto de 1769 – Paris, 13 de maio de 1832) e Blainville (Henri Marie Ducrotay de Blainville, Arques-la-Bataille, 12 de setembro de 1777 - Paris, 1 de maio de 1850), o homem não é incluído entre os mamíferos. Ele somente volta a essa classe quando Illiger (Johann Karl Wilhelm Illiger, Braunschweig, 19 de novembro de 1775 – Berlin, maio de 1813) na obra de T. Edward Bowdich, intitulada *An analysis of the natural classifications of Mammalia* (1821), formulou sua classificação, na ordem *Erecta (Homo)*. No ano de 1830, Cuvier reelaborou sua classificação de 1789, e aí colocou o homem integrado aos mamíferos, correspondendo a uma ordem particular, a dos Bimanos (ALMAÇA, 1991).

Foi no século XVIII que ocorreu uma mudança na maneira de se observarem as sociedades diferentes da do homem europeu. Até então, os "outros" eram vistos como bárbaros e selvagens, como estrangeiros, assim como surgiram aos olhos dos navegantes espanhóis e portugueses do século XVI que aportaram em terras até então desconhecidas. A partir do Setecentos, os "outros" tornam-se semelhantes, possuindo uma natureza igual à do homem branco e como este último era no seu início, *Primitivo*. A "ciência do homem" aproximou os selvagens de nós, mas os colocou no início da história, distanciando-os infinitamente, abolindo, ao mesmo tempo, tudo que os diferenciava (CLASTRES, s/d, p. 195).

A segunda metáfora científica diz respeito à compreensão que Bonifácio tinha no que diz respeito à forma como deveriam ser operadas as reformas sociais necessárias para a construção da nação brasileira, passando a ter um caráter civilizatório na visão andradina, segundo a qual "o Governo do Brasil tem a sagrada obrigação de instruir, emancipar e fazer dos índios e Brasileiros uma nação homogênea e igualmente feliz" (SILVA, in DOLHNIKOFF, 1998, p. 147).

Porém tais reformas deveriam ser realizadas não de forma radical, mas gradualmente, em passos lentos, como afirmou em uma de suas "notas": "Nas reformas deve haver muita prudência: conhecer o verdadeiro estado dos tempos, o que estes sofrem que se reforme e o que deve ficar do antigo. Nada se deve fazer aos saltos, mas tudo por graus, como obra a natureza" (*idem, ibidem*, p. 175).

Essa argumentação em prol de reformas lentas, que não propiciassem mudanças radicais, está relacionada às ideias do autor no campo da História Natural. Em uma memória científica apresentada à Academia Real das Ciências de Lisboa no ano de 1790, intitulada *Memória Sobre a Pesca das Baleias*, Bonifácio deixou transparecer a sua adesão às "sábias leis da economia geral da natureza", seguindo assim as ideias do naturalista Lineu. Por economia da natureza compreende-se a "mui sábia disposição dos Seres Naturais, instituída pelo Soberano criador, segundo a qual eles tendem para fins comuns e têm funções recíprocas" (LINEU *apud* KURY, 2001, p. 140). Para o naturalista sueco, Deus criou o mundo da natureza para o homem utilizar todos os seus produtos sem exceção, desde os vermes aquáticos até as aves de rapina, uma vez que nada foi criado em vão. Tudo era útil ao homem. Ademais, nessa metáfora da "economia" estava implícita a ideia da continuidade do equilíbrio geral da natureza, pois neste mundo tudo era harmônico, coeso, tendo cada elemento do mundo natural uma função relevante para a dinâmica coletiva (PÁDUA, 2004, p. 44).

Lineu, ao ver a natureza como um todo, como um sistema harmonioso e equilibrado criado por Deus, deixava implícito que qualquer mudança brusca levaria ao desequilíbrio do sistema. Daí, a afirmação de José Bonifácio de que, na natureza, as transformações não poderiam ser operadas aos "saltos", mas somente em "graus", de forma lenta, que mantivesse a continuidade do mundo, seguindo os princípios afirmados pelo naturalista Lineu. Essa concepção lineana de mudança lenta e gradual do mundo natural seria aplicada por Bonifácio ao campo da política, sendo ele um defensor das transformações moderadas no campo social, uma vez que assim poderia manter-se a ordem da sociedade, afastando o perigo de uma revolução que trouxesse a desordem e o caos. Deixava assim transparecer o caráter moderado de suas ideias política.

Como um típico homem das luzes, Bonifácio defendia o domínio e a presença de um grupo que tivesse um "espírito iluminado" à frente do Estado. Ao defender o domínio e a hegemonia de uma certa "aristocracia de espírito", ele acabava por excluir todos os outros grupos que não tivessem esse "espírito iluminado" na condução da nação. O governo do país deveria estar sempre nas mãos das pessoas de mais "altas aspirações".

Herdeiro dos ideais do reformismo Ilustrado europeu e defensor de um modelo centralizado de monarquia, Bonifácio propôs um projeto civilizador que encerrava uma proposta de inclusão dos vários setores sociais, embora de forma subordinada à elite brasileira. Para a realização de tal projeto, era necessária a manutenção da unidade de todo o território da colônia portuguesa na América com a implementação de reformas sociais profundas, como a gradual extinção da escravidão e o processo de civilização e integração dos índios à sociedade. Somente assim poderiam se amalgamar os elementos que representavam a heterogeneidade da população brasileira constituída por brancos, índios, mulatos, pretos livres e escravos, entre outros, e torná-la una e indivisa e, portanto, moderna e civilizada (SILVA, 1999).

O passo seguinte dessa nação imaginada por Bonifácio seria a criação de uma nova "raça", com um conjunto de características culturais comuns, que servisse de substrato para a nova identidade nacional. E, para ele, a alternativa proposta era a mestiçagem, que deveria ajudar no processo de homogeneização da nação e, ao mesmo tempo, civilizar os índios e os negros por meio da mistura sanguínea, mas também cultural, com os brancos. Daí, o estadista propor a vinda de imigrantes de vários grupos sanguíneos para o Brasil, como os alemães e os chineses, entre outros, deixando assim registrado que o futuro do país estava na mistura de todos os grupos.

No dia 15 de julho de 1823, o gabinete Andrada caiu. Sem dúvida alguma, os arrojados projetos de José Bonifácio, que determinavam a gradativa abolição do tráfico de escravos e da própria escravidão, o projeto de reforma agrária e de integração dos índios à sociedade brasileira e a proposta da mestiçagem como forma de homogeneizar a nação, em muito desagradaram aos senhores de terras e poderosos comerciantes de escravos, a base do poder econômico e político do país, dos quais o ministro ia perdendo o apoio (COSTA, 1986, p. 145).

Com o fechamento da Assembléia Nacional Constituinte por D. Pedro I, no dia 12 de novembro de 1823, Bonifácio foi preso em sua casa e conduzido para o Arsenal da Marinha, juntamente com outros presos constituintes considerados perigosos. Poucas horas depois foi transferido para a fortaleza de Laje e, em 20 de novembro, foi exilado para a França, ficando em Bordeaux.

Como argumentou Mattos (2003, p. 30), a rejeição da proposta de José Bonifácio contida na memória sobre a escravatura significava a opção dos dirigentes imperiais pela manutenção da escravidão e, antes de tudo, a manutenção das hierarquizações e das diferenças entre a boa sociedade imperial, a plebe e os escravos.

Mesmo atuando durante todo esse tempo como homem público, pensava em retornar às suas investigações científicas. Num poema dedicado a D. João VI, revelava-se ainda o naturalista pragmático e reformador da sociedade, ao afirmar que o Príncipe Regente não deveria desprezar os socorros das ciências, pois através delas é que se poderia acabar com a "imunda investidura da pobreza":

Verás o gênio da gentil Botânica,
A quem a Benfeitora Medicina
Corteja, e acompanha a Agricultura,
A coroa enramar-te de mil loiros:
A criadora Química escoltada
Das artes todas, verás o rico seio
Revezar sobre ti, sobre teus povos,
Dos tesouros que o pátrio solo encerra.
(SILVA, 1846, p. 36)

Foi nas páginas de *O Tamoio*, jornal lançado menos de um mês após a derrocada do ministério comandado pelos Andradas, que expressava o pensamento político Andradista, e de caráter doutrinário (RIBEIRO, 2008), que José Bonifácio, na figura do "velho do rocio", revelou em uma entrevista de forma mais expressiva a vontade de "acolher-se ao retiro dos campos e serras que o tinham visto nascer, e folhear ali algumas páginas do grande livro da natureza, que aprendera a decifrar com aturado e longo esforço" (*O Tamoio*, nº 5, 02/09/1823, p. 21). Naquele periódico, confessou que, cada vez mais, se persuadia de haver nascido para ser "homem de letras e roceiro", e que, no retiro do campo, teria "tempo de dar a última mão

O Oitocentos entre livros...   29

à redação das longas viagens pela Europa, aos compêndios de mineralogia e metalurgia, e a vários opúsculos e memórias de filosofia e
literatura" (*idem, ibidem,* p. 11).

Mas, ao mesmo tempo, não deixava de enfatizar a contribuição
de sua atuação enquanto homem público para a história política do
Brasil ao afirmar:

> V. m. bem sabe que eu tive a desgraça de
> ser o primeiro Brasileiro que cheguei a ser
> ministro d´Estado: isto não podia passar
> pela guela dos Europeus, e o que é pior,
> nem pela de muitos brasileiros. Ajunte a
> isto que fui o primeiro que trovejei das
> alturas da Paulicéia contra a perfídia das
> Cortes Portuguesas; o primeiro que pre-
> guei a Independência e liberdade do
> Brasil, mas uma liberdade justa e sensata
> debaixo das formas tutelares da Monarquia
> Constitucional, único sistema que poderia
> conservar unida e sólida esta peça majes-
> tosa e inteiriça da arquitetura social des-
> de o Prata ao Amazonas, qual a formara
> a Mão Onipotente e sábia da Divindade.
> (*idem, ibidem,* p. 18)

Essas passagens são enfáticas em mostrar que as faces de naturalista e homem público não poderiam ser vistas separadamente
no perfil do Ilustrado José Bonifácio de Andrada e Silva. Elas são
indissociáveis.

A passagem acima também revela que, um ano após a realização
da independência política do Brasil, Bonifácio já começava a partilhar uma nova identidade, a se afirmar enquanto brasileiro, e não
mais como português, identidade com a qual por muito tempo se

identificou. Em inúmeros textos escritos em Portugal, ou naqueles produzidos no "Reino do Brasil" após o seu retorno da Europa, o personagem sempre se afirmou como um lusitano, um integrante do Império luso-brasileiro em igualdade de condições, da grande nação portuguesa, como na seguinte passagem: "Jamais desonrei entre as nações e sábios da Europa o nome de Acadêmico e Português" (SILVA, *apud* Varela, 2004, p. 446). Afirmou também ter sido o pioneiro a se opor às Cortes Portuguesas, que não aceitavam a continuidade da Família Real no Brasil. Com a vinda de D. João e toda sua Corte para a América, Portugal sentia-se diminuído, uma vez que os papéis tinham se invertido, era como se ele fosse, naquele momento, a Colônia e o Brasil, a Metrópole. Os portugueses queriam a volta das instituições administrativas do país, uma vez que estas haviam sido transferidas para o Brasil. Bonifácio passou a exigir a separação dos Reinos do Brasil e Portugal, e deu início ao processo de construção do Império do Brasil (Neves, 2003). Contudo, a liberdade alcançada pelo Brasil deveria ser uma liberdade "justa e sensata" sob os auspícios da Monarquia Constitucional, que preservaria assim a unidade da "arquitetura social desde o Prata ao Amazonas".

Na França, no período do exílio (1824-1829), nas cartas, poesias e notas escritas e enviadas aos amigos Antônio de Meneses Vasconcelos de Drumond e Joaquim José da Rocha, um dos traços que chama a atenção é o fato de José Bonifácio se dedicar aos estudos literários e científicos, uma vez que produziu poemas, traduziu textos clássicos e fez diversos pedidos de livros científicos. Dentre estes ganham destaque os de Mineralogia, entre os quais apareciam: o *Traité de Geognosie*, de D'Aubisson; *Elements de Minéralogie*, de Beudant; *Grundriss der Mineralogie*, de Mohs; *Introduction à la Minéralogie*, de Brogniart; *Histoire dês plants le plus remarquables du Brésil et du Paraguay*, de Saint-Hilaire; e, *Traité de Chimie*, por Desmaret.

Após o período no exílio, José Bonifácio retornou ao Brasil, em julho de 1829, fixando residência na Ilha de Paquetá. Por decreto de 6 de abril de 1831, Bonifácio foi nomeado por D. Pedro I como "Tutor de Seus Amados e Prezados Filhos", retornando novamente ao centro da política nacional. Nesse momento, D. Pedro II, que assumia o trono aos cinco anos de idade por abdicação de seu pai, ficaria sob a tutela do "Patriarca da Independência". Nesse cargo, ele ficou por dois anos e oito meses, sendo demitido por Decreto de 14 de dezembro de 1833, acusado de envolvimento com o grupo dos "Restauradores ou Caramurus", aqueles que eram partidários do retorno de D. Pedro I ao trono (RANGEL, 1945).

Após a demissão do cargo de tutor, retirou-se para a sua casa em Paquetá, encerrando de vez a sua participação na vida política do país e desejando "voltar a ser o homem de ciências", pelo qual ficou consagrado e conhecido no mundo todo como o "português d'Andrada" (O Tamoio, nº 5, 02/09/1823, p. 21). A ida para a Ilha deu início ao seu "retiro filosófico", quando, apesar da idade avançada e da saúde precária, pretendia retornar seus estudos, a atividade de naturalista, terminar trabalhos inconclusos e iniciar outros que planejara. Tinha em emente escrever Memórias, concluir relatos de viagem, prosseguir em seus trabalhos de tradutor, redigir um compêndio sobre história literária e tratados sobre mineralogia – projetos que não chegaria a concretizar, deles tendo restado apenas esboços e anotações preliminares (CAVALCANTE, 2001).

José Bonifácio morreu no dia 06 de abril de 1838, na cidade Niterói. No seu espólio aparecia a informação sobre uma rica coleção de minerais e outras produções do mundo natural. Esta coleção foi doada ao Museu Imperial pelos familiares após a sua morte, contribuindo assim para o enriquecimento das coleções científicas daquela instituição. Contudo, o desleixo e o descaso das nossas instituições científicas com o seu patrimônio provocou o desaparecimento por completo da preciosa coleção do ilustrado (ANDRADE, s/d, p. 5-7).

O personagem José Bonifácio de Andrada e Silva revela a riqueza do pensamento Ilustrado luso-americano da virada do século XVIII para o XIX. Em sua trajetória de vida, a ciência e a política sempre caminharam lado a lado. Em primeiro lugar, porque estava engajado no projeto político de modernização do Império português encabeçado por D. Rodrigo. A ciência foi o elemento que lhe forneceu o referencial metodológico para mapear e pesquisar as "produções naturais" do Reino e da Colônia com o intuito de descobrir novas fontes de recursos econômicos que pudessem promover o desenvolvimento e a modernização da nação portuguesa e das partes que compunham o seu Império Atlântico, sobretudo o Brasil. Em segundo lugar, ao ser chamado para atuar como estadista e parlamentar passou a formular os projetos políticos para a jovem nação brasileira e os meios possíveis para inseri-la no concerto das nações civilizadas. Ainda que empenhado na construção de "um corpo e de uma identidade política novas", Bonifácio revelou-se "herdeiro" de uma tradição que remontava às propostas do reformismo ilustrado português e que definiria os próprios marcos da construção (MATTOS, 2003; SILVA, 2006). Do Império Luso-Americano ao Império do Brasil, Bonifácio foi um homem extremamente atualizado com o pensamento europeu e buscou aplicar e experimentar novos conhecimentos à sua comunidade local.

Fontes Manuscritas

Manuscritos de José Bonifácio de Andrada e Silva

Arquivo Museu Nacional (AMN). Aviso autorizando o recebimento das ofertas feitas pelo deputado Martim Francisco Ribeiro de Andrada, em nome dos herdeiros do conselheiro José Bonifácio de Andrada e Silva, do gabinete de mineralogia, coleção de modelos de máquinas apropriadas aos diferentes ramos da indústria, estampas de quadrúpedes e pássaros, medalhas antigas de ouro e prata. Paço, em 28/05/1838 (Localização: doc. 75, pasta 2).

Instituto Histórico e Geográfico Brasileiro (IHGB). Carta de José Bonifácio de Andrada e Silva ao Conde de Funchal. Portugal, 30/07/1813 (Localização: l. 191, doc. 4845).

Fontes impressas

Periódicos

Jornal *O Tamoio*, n° 5, 02.09.1823.

Livro de José Bonifácio

SILVA, José Bonifácio de Andrada e Silva. *Poesias de Américo Elísio*. Rio de Janeiro: Imprensa Nacional, 1846.

Bibliografia

ALMAÇA, Carlos. *As classificações zoológicas*. Aspectos históricos. Lisboa: Museu Nacional de História Natural, 1991.

ANDRADE, Amaro Barcia de. *O Museu Nacional e Suas Coleções Mineralógicas*. Mimeogr., s/l., s/d.

BERBEL, Márcia Regina. *A nação como artefato*: deputados do Brasil nas cortes portuguesas, 1821-1822. São Paulo: Hucitec; Fapesp, 1999.

CAVALCANTE, Berenice. *José Bonifácio - Razão e sensibilidade*: uma história em três tempos. Rio de Janeiro: Editora da Fundação Getúlio Vargas, 2001.

CLASTRES, Héléne. Primitivismo e ciência do homem no século XVIII. *Discurso*. Revista do Departamento de Filosofia do FFLCH da USP, vol. 13, s/d.

COSTA, Emilia Viotti da. José Bonifácio: homem e mito. In: MOTA, Carlos Guilherme da (org.) *1822*: dimensões. São Paulo: Perspectiva, 1986.

DOLHNIKOFF, Miriam. *José Bonifácio de Andrada e Silva*: projetos para o Brasil. São Paulo: Companhia das Letras, 1998.

DOLHNIKOFF, Miriam. São Paulo na Independência. In: *Seminário Internacional Independência do Brasil*: história e historiografia. 1º a 06/09/2003. Disponível em:<www.ieb.usp.br>. Acesso em: 17/03/2005.

DOMÌNGUES, Ângela. *Viagens de exploração geográfica na Amazônia em finais do século XVIII*: política, ciência e aventura. Lisboa: s/ed., 1991.

DOMÌNGUES, Ângela. Para um melhor conhecimento dos domínios coloniais: a constituição de redes de informação no Império Português em finais de Setecentos. *Ler História*. Lisboa, vol. 39, p. 19-34, 2000.

DUCHET, Michele. *Antropología e Historia em el Siglo de las Luces*. Buenos Aires: Siglo Veintiuno, 1984.

FALCÃO, Edgard Cerqueira de. Alguns aspectos menos conhecidos da vida e obra de José Bonifácio, o patriarca. *Ciência e Cultura*, vol. 3, nº 4, abr. 1979.

FIGUEIRÔA, Silvia Fernanda de M. *As Ciências Geológicas no Brasil: uma História Social e Institucional, 1875-1934*. São Paulo: HUCITEC, 1997.

KURY, Lorelai Brilhante; CAMENIETZKI, Carlos Ziller. Ordem e natureza: coleções e cultura na Europa Moderna. *Anais do Museu Histórico Nacional*. Rio de Janeiro, vol. 29, 1997.

_____. Entre utopia e pragmatismo: a história natural no Iluminismo tardio. In: SOARES, Luís Carlos (org.). *Da Revolução Científica à Big-business Science*: cinco ensaios de história das ciências e da tecnologia. Rio de Janeiro/São Paulo: Eduff/Hucitec, 2001.

LOPES, Maria Margaret. José Bonifácio de Andrada e Silva – mineralogista – na produção historiográfica brasileira. *Quipu*. México, vol.7, nº 3, setembro-dezembro de 1990, p. 335-344.

LOPES, Maria Margaret. Viajando pelo campo e pelas coleções: aspectos de uma controvérsia paleontológica. *História, Ciências, Saúde – Manguinhos*, Rio de Janeiro, v.VIII, suplemento, 2001.

LOPES, Maria Margaret; FIGUEIRÔA, Silvia Fernanda de Mendonça. *Relatório científico final do projeto Emergência e Consolidação das Ciências Naturais no Brasil (1700-1870)*. Campinas: DGAE/IGE/UNICAMP, 2003 (mimeografado).

MATTOS, Ilmar R. de. Construtores e herdeiros. A trama dos interesses na construção da unidade política. In: *Seminário Internacional Independência do Brasil*: história e historiografia. 1º a 06/09/2003. Disponível em:<www.ieb.usp.br>. Acesso em: 17/03/2005.

MUNTEAL FILHO, Oswaldo. *Domenico Vandelli no anfiteatro da natureza*: a cultura científica do reformismo ilustrado português na crise do antigo sistema colonial (1779-1808). Dissertação (Mestrado em História) – PUC-Rio, Rio de Janeiro, 1993.

MUNTEAL FILHO, Oswaldo. *Uma sinfonia para o novo mundo*: a Academia Real das Ciências de Lisboa e os caminhos da Ilustração luso--brasileira na crise do antigo sistema colonial. Tese (Doutorado em História) – UFRJ, Rio de Janeiro, 1998.

NEVES, Guilherme Pereira das. Em busca de um ilustrado: Miguel Antônio de Melo (1766-1836). *Revista Convergência Lusíada*. Revista do Real Gabinete Português de Leitura. Rio de Janeiro, n° 24, p. 25-41, 2° semestre – 2007.

NEVES, Lúcia Maria Bastos Pereira das. *Corcundas e Constitucionais*. A cultura política da Independência (1820-1822). Rio de Janeiro: FAPERJ; REVAN, 2003.

PADUA, José Augusto. *Um Sopro de Destruição*: Pensamento Político e Crítica Ambiental no Brasil Escravista (1786-1888). 2ª ed., Rio de Janeiro: Jorge Zahar Editor, 2004.

POMIAN, Krzysztof. *Collectores and curiosities*. Paris and Venice, 1500-1800. Cambridge: Polity Press, 1990.

RAMINELLI, Ronald. *Viagens ultramarinas*. Monarcas, vassalos e governo a distância. São Paulo: Alameda, 2008.

RANGEL, Alberto. *A educação do Príncipe*: esboço histórico e crítico sobre o ensino de D. Pedro II. Rio de Janeiro: Agir, 1945.

RIBEIRO, Gladys Sabina. Nação e cidadania no jornal *O Tamoio*. Algumas considerações sobre José Bonifácio, sobre a Independência e a Constituinte de 1823. In: RIBEIRO, Gladys

O Oitocentos entre livros... 37

Sabina (org.). *Brasileiros e cidadãos*: modernidade política, 1822-1930. São Paulo: Alameda, 2008.

SILVA, Andrée Mansuy-Diniz. Uma figura central da Corte Portuguesa no Brasil: D. Rodrigo de Sousa Coutinho. In: MARTINS, I.; MOTTA, M. (orgs.). *A Corte no Brasil*. Niterói: Editora da UFF, 2010.

SILVA, Maria Beatriz Nizza da. *A cultura luso-brasileira*: da reforma da universidade à Independência do Brasil. Lisboa: Editorial Estampa, 1999.

SILVA, Ana Rosa Cloclet da. *Construção da nação e escravidão no pensamento de José Bonifácio de Andrada e Silva (1783-1823)*. Campinas: Editora da Unicamp/Centro de Memória, 1999.

SILVA, Ana Rosa Coclet da. *Inventando a nação*. Intelectuais ilustrados e estadistas luso-brasileiras na crise do antigo regime português (1750-1822). São Paulo: Editora HUCITEC/FAPESP, 2006.

SUSSEKIND, Flora. *O Brasil não é longe daqui*. O narrador, a viagem. São Paulo: Companhia das Letras, 1990.

VARELA, Alex Gonçalves; LOPES, M. M.; FONSECA, M. R. F. Os minerais são uma fonte de conhecimento e de riquezas: as memórias mineralógicas produzidas por José Bonifácio de Andrada e Silva. *História, Ciências, Saúde - Manguinhos*. Rio de Janeiro, vol. 9, p. 405-426, 2002.

VARELA, Alex Gonçalves; LOPES, Maria Margaret; FONSECA, Maria Rachel Fróes da. As atividades do naturalista José Bonifácio de Andrada e Silva em sua 'fase portuguesa' (1780-1819). *História, Ciências, Saúde – Manguinhos*. Rio de Janeiro, vol. 11, n° 3, 2004. Disponível em: <http://www.scielo.br/scielo.php?script=sci_arttext&pid=S0104-9702004000300008&lng=en&nrm=iso>. Acesso em: 20 de julho de 2012.

VARELA, Alex Gonçalves. *"Juro-lhe pela honra de bom vassalo e bom português"*: análise das memórias científicas de José Bonifácio de Andrada e Silva. São Paulo: Annablume, 2006.

VARELA, Alex Gonçalves. *Atividades Científicas na "Bela e Bárbara" Capitania de São Paulo (1796-1823)*. São Paulo: Annablume, 2009.

Mapa e poder nas grandes exposições: Preparo para Filadélfia

Bruno Capilé (MAST)[1]
Moema de Rezende Vergara (MAST)[2]

Assim como a palavra escrita, as imagens e representações também são discursos. Dessa forma, observamos que os mapas possuem uma função textual e, desta forma, estão sujeitos à interpretação e análises históricas. Como os livros, também são produtos de mentes individuais e amplos valores culturais em sociedades particulares (HARLEY, 2001). Devido ao sentido polissêmico do espaço e sua representação, podem existir diferentes meios de percebê-lo, o qual é construído na relação do terreno e seus elementos com o cartógrafo. Enquanto imagens do espaço, os mapas representam um território que é construído socialmente. Segundo Paulo Knauss, é aí que a cartografia se apresenta como resultado de um esforço intelectual de organização do espaço, evidenciando-a como indicativa de informações históricas, uma "fonte do *imaginário social*" (KNAUSS, 1997, p. 137). Considerado isso, começamos a repensar a presença do mapa

---

1   Bruno Capilé, Mestre em História da Ciência HCTE/UFRJ, pesquisador colaborador do MAST no âmbito do Programa PCI/CNPq.

2   Moema Vergara Doutora em História Social PUC-Rio, pesquisadora do MAST e professora do Programa de Pós-Graduação em História da UNIRIO Esse trabalho está vinculado ao projeto *A construção do mapa nacional e o conhecimento científico (1870-1930)* desenvolvido no Museu de Astronomia e Ciências Afins (MAST) e coordenado por Moema de Rezende Vergara.

e sua relevância política e sociocultural no Brasil Oitocentista, sua função legitimadora de posições políticas, como instrumentos das práticas da política, da cultura e, até mesmo como mecanismo de difusão do conhecimento científico. Nesse sentido, torna-se interessante identificar e ponderar sobre suas condições de produção, circulação, autoria e comercialização.

O presente texto contribui para refletirmos sobre o papel que os mapas tiveram no Brasil no final do século xix. Além de contarem histórias, sua representação do território traduz significados atribuídos ao espaço e construídos em contextos específicos (KNAUSS, 2010). Ou seja, o estudo do mapa nos permite reconstruir narrativas a partir da circulação de ideias e relações de poder por trás dele. Optamos pela *Carta Geral do Império* como objeto de estudo, pois foi a principal iniciativa cartográfica do governo imperial. Aprofundamos-nos na divulgação desse e outros mapas nas *Grandes Exposições* para relacionar as maneiras de representação territorial e a política internacional do governo imperial, particularmente na *Exposição Universal de Filadélfia* de 1876, que contou com a visita de Dom Pedro ii.

Os mapas possuem necessidades externas a eles, e se tornam uma ferramenta para a manutenção do poder governamental para gerenciar suas fronteiras, comércio, administração interna, controle de populações e força militar, através de um discurso social, ideológico e retórico. Ou seja, a cartografia é tanto uma forma de conhecimento, quanto uma forma de poder. Na realidade, o próprio conhecimento é uma forma de poder, um meio de apresentar os valores próprios de alguém à luz do desinteresse científico. Na construção do mapa, o topógrafo, conscientemente ou não, replica não somente o terreno em algum sentido abstrato, mas igualmente os imperativos territoriais de um sistema político particular, como os limites, fronteiras, propaganda política de civilização e progresso, questões indígenas. Isso torna mais claro ao vermos as atividades de campo elaboradas pelos topógrafos, que muitas vezes eram acompanhados por militares, de forma a elaborar mapas como conhecimento geográfico do terreno, e, eventualmente, como ferramentas de pacificação, dominação, civilização e exploração dos recursos (BASSET, 1994; HARLEY, 2001).

De fato, a natureza gráfica do mapa fornece ao seu *usuário* poderes arbitrários facilmente separados das responsabilidades e consequências sociais de seu exercício. Isso se tornou crucial para as representações territoriais promoverem a unicidade dos limites e fronteiras do Estado-nação, tanto no Brasil quanto em outros países. Conforme os traços do mapa eram planejados, o cartógrafo era orientado a considerar alguns aspectos e ignorar outros, ou seja, construir um mapa é um processo de escolha. O que por vezes desconsiderava demandas territoriais, como as questões indígenas e as de fronteira. Os espaços em branco, considerados *vazios cartográficos* pelos critérios de cientificidade dos mapas do século XIX, na realidade, também eram considerados simplesmente como espaços vazios, locais a serem conquistados e ocupados. Dessa forma, a cartografia permaneceu como um discurso teleológico, reificando poder, reforçando o *status quo*, e congelando as interações sociais dentro de linhas topográficas (HARLEY, 2001).

Assim, ao considerarmos os mapas como fontes históricas, tornou-se necessário ponderar sobre uma série de intenções por trás da representação gráfica das linhas e relevos. No que tange à reflexão histórica dos mapas e seus significados, é pertinente resgatar a epistemologia cartográfica de John Harley (2001). Segundo ele, os mapas "fazem parte de um discurso persuasivo, e pretendem convencer" (HARLEY, 2001, p. 37), sendo a maioria deles direcionada para um público específico e dotada de argumentos de autoridade usados por quem investiu na realização do mapa. Nessa concepção, o mapa é uma construção social que não é neutra, e seu estudo possibilita uma descrição do mundo, considerando relações de poder e práticas culturais, preferências e prioridades de seus agentes.

Para alguns estudiosos da cartografia, o mapa deve ser considerado como uma construção social e coletiva, e não a visão individualista de um determinado cartógrafo que registra impressões do mundo externo e traduz numa forma gráfica. Esta metodologia permite conceber uma visão dos mapas produzida de uma dinâmica entre o seu criador e seus leitores (ANDREWS, 2001). Para Harley, a regra básica da abordagem histórica dos mapas é que esses devem ser interpretados a partir de seu contexto, como um panorama histórico geral que resgata o local e o momento específico da produção do mapa em questão. Dessa forma, Harley nos instiga a buscar as intenções e circunstâncias que permeavam a produção e a publicação cartográfica. "Como uma expressão de intenção, função torna-se uma peça-chave para ler os mapas" (HARLEY, 2001, p. 39). Mas essas intenções podem não ser bem definidas ou os mapas podem ser direcionados para mais de um leitor. Através desse contexto, distinguiremos alguns aspectos básicos que tornaram possível interpretar suas intenções, a partir dos possíveis interesses de quem mandou fazer o mapa, no caso, o governo imperial.

Ao olharmos para a década de 1870, em particular, para as iniciativas do governo imperial voltadas para o gerenciamento do território, podemos observar um grande destaque para o desenvolvimento da cartografia no Brasil. Isso pode ser afirmado pela criação de comissões com objetivos primários voltados para a elaboração e

O Oitocentos entre livros... 43

revisão de mapas;[3] pela invenção de instrumentos específicos para observações astronômicas que auxiliaram na demarcação do território, como o altazimute elaborado pelo diretor do Observatório do Rio de Janeiro, Emmanuel Liais (HEIZER, 2005); e pela preocupação estatal em preparar profissionais para realizar as atividades cartográficas, como, por exemplo, com a criação da Escola Politécnica do Rio de Janeiro (1871).

Se observarmos as mudanças que ocorreram na Europa e nos Estados Unidos nesse mesmo período, podemos perceber que essas iniciativas andaram em paralelo com uma série de acontecimentos que influenciaram profundamente a cartografia, explicitando ainda mais sua importância e necessidade, tais como: a elaboração de métodos matemáticos, trigonométricos e de observação astronômica e geodésica; como estes métodos auxiliaram os trabalhos de campo, de gabinete e o traçado de novos mapas; o florescimento da tecnologia, que catalizou a invenção de instrumentos para observação, novas oficinas para a criação desses, novos meios de imprimir os mapas; e também a expansão dos telégrafos e ferrovias, que propiciou mobilidade e comunicação mais eficiente que estiveram presentes nas determinações de pontos geográficos através da telegrafia.

Além das mudanças científicas e tecnológicas, é importante ressaltar que houve também as de cunho sociocultural. Estas influências trouxeram novos ideais e significados, além de novas maneiras de representar e simbolizar, para os criadores de mapas ocidentais do século XIX, como o progresso e civilização, a nação e a identidade nacional. Antes de prosseguir nessa discussão, cabe aqui definir que a

---

3 Como por exemplo, às ligadas ao Ministério da Agricultura, Comércio e Obras Públicas: Comissão de Triangulação do Município Neutro (1866); Comissão da Carta Itinerária (1874); Comissão Geológica (1875); Comissão Astronômica (1876); a Comissão da Carta Arquivo (1876); e a Comissão da Carta Geral do Império (1862). (CAPILÉ; VERGARA, 2012)

figura do criador de mapa não é trivial, nem desprovida de aprofundamentos. Ele não é necessariamente o desenhista, o cartógrafo, mas sim um indivíduo ou uma entidade institucional, governamental, que geralmente é embebido em vontades e necessidades que são externas ao mapa. Dessa forma, o mapa transmite além do domínio do espaço, através da representação do território, o domínio do tempo, a partir do estudo de seus processos históricos.

Os mapas gerais, como a *Carta Geral do Império*, contribuíram com o processo de construção da nacionalidade brasileira através da afirmação simbólica da identidade nacional, dos traçados, dos limites e da pragmática função de gerenciamento de seus recursos, estradas e fronteiras. O foco das preocupações do poder metropolitano, e, posteriormente, o imperial, foi a formação do Estado e a manutenção da unidade territorial. Os investimentos governamentais voltados para os empreendimentos científicos de interesse cartográfico foram crescendo desde a chegada da família real portuguesa, prosseguindo com a continuidade dinástica que ocorrera após a Independência do país. Destacamos aqui o interesse no conhecimento do território com a formação de profissionais habilitados para elaborar mapas, com prática em astronomia, geodésia, e trigonometria, como por exemplo, nas escolas militares como a Academia Real dos Guardas-Marinhas (1808), a Academia Real Militar (1810), na posterior divisão civil, a Escola Central (1858), e futura Escola Politécnica (1874), e nos treinos práticos no Imperial Observatório (1827). O foco prático da administração do território se efetivou com a centralização de grande parte das atividades estatais em um grande ministério, o Ministério da Agricultura, do Comércio e das Obras Públicas (1860). Com este houve a criação de diversas comissões de interesse no conhecimento territorial, na elaboração e impressão de mapas,

O Oitocentos entre livros... 45

o levantamento de novas estradas e de posições geográficas, entre outras atividades de interesse administrativo.

Os problemas e as atividades administrativas frequentemente apareceram em relatórios do Ministério da Agricultura. Em anexo a um desses relatórios, Hermenegildo Luis dos Santos Werneck e Carlos Krauss (1866), primeiros integrantes da Comissão, escreveram que era importante "tornar conhecido tanto a nós como ao estrangeiro os elementos de nossa prosperidade" (WERNECK; KRAUSS, 1866, p. 1), ou seja, deveriam dominar a terra não somente pela ocupação agrícola ou industrial, mas pela imagem simbólica de um mapa. Nesse momento de criação da *Carta Geral do Império* vemos que a mesma se destacava como um símbolo de prosperidade e progresso da nação, o que talvez possa ser explicado com os dois momentos de sua publicação: a Exposição Nacional de 1875 e a Exposição Universal de Filadélfia de 1876.

Vitrines do progresso: as Exposições

Sandra Pesavento (1997) comenta que as Exposições Universais foram vitrines voltadas para todos os tipos de públicos, como um "catálogo do conhecimento humano acumulado, síntese de todas as regiões e épocas", elas foram a "janela do mundo" (PESAVENTO, 1997, p. 42). Explica-nos também que foram elementos de difusão e aceitação das imagens de progresso e civilização, um instrumento de sedução social. Nesse conjunto de objetos expostos, os mapas coadjuvaram lado a lado com instrumentos científicos, artigos agrícolas, rochas e minérios, máquinas, livros, obras de arte, essências vegetais e outros produtos naturais derivados da crescente relação íntima entre botânica e química. Sendo ao mesmo tempo, um símbolo de aptidão técnica e científica de sua elaboração e uma imagem da civilização e progresso do país, ao mostrarem seus recursos através das representações das ferrovias e minas.

Como de costume, os preparativos para uma Exposição Internacional começavam com um evento semelhante de porte nacional. Para tal, o governo imperial montou uma Comissão, que prepararia os expositores e seus artigos, que exibiria previamente em 45 dias a partir de dezembro de 1875, na Quarta Exposição Nacional (RELATÓRIO, 1877). Esteve presente no discurso da época a exaltação à grandeza e à prosperidade da nação brasileira. Saldanha da Gama, membro da Comissão das exposições, escreveu um livro sobre alguns artigos expostos, e já em seu primeiro parágrafo tratava o Brasil como o "colosso da América do Sul" e que a Exposição era um preparatório para a Universal de Filadélfia. O que se tratava de "nada menos do que de envolver o nome da nossa pátria de todo o brilho de suas riquezas sem esquecer que agora, mais do que nunca, cumpre ao Brasil provar à luz do universo o grau de sua opulência, da sua força e da sua civilização" (GAMA, 1876, p. 7). Este parece ser somente um de muitos documentos que simbolizavam a forma como o nacionalismo poderia ter influenciado as iniciativas governamentais na segunda metade do século XIX, e, mesmo que Gama tenha escrito sobre os produtos naturais expostos e não sobre mapas, podemos interpretar em seu discurso como as exposições funcionaram como "instrumentos de sedução":

> Os Estados Unidos, cedendo a seu amor próprio, querem ocupar o lugar mais distinto nas galerias da futura exposição universal. Exigem eles que o Império do Brasil ocupe o lugar que lhe compete como segunda potência da América; e a menos que a comissão superior e o governo Imperial não estendam as suas

vistas para maior área de nossos produtos, receamos que o vasto país onde vimos a luz figure muito abaixo de sua posição real. (GAMA, 1876, p. 11)

A Exposição Universal da Filadélfia de 1876 celebrou o centenário da Independência dos Estados Unidos da América e foi a primeira exposição norte-americana em que foram convidados os demais países, com a presença do Imperador Dom Pedro II no momento da inauguração. O Brasil apresentava em seu prédio principal, cinco diferentes departamentos: Mineração e Metalurgia; Manufaturados; Educação e Ciência; Arte; Aparatos e inventos para aquecer e cozinhar. O mapa da *Carta Geral do Império* encontrou-se no departamento de *Educação e Ciência* na divisão de *Engenharia, Arquitetura, Cartas, Mapas e Representações Gráficas*, na seção de *Mapas Geológicos e Topográficos*, juntamente com o *Atlas do Império do Brasil* de Cândido Mendes (1868) e os trabalhos da seção de Obras Públicas do Ministério da Agricultura. O mapa foi exposto sob o número 368, com o nome do chefe da Comissão, o General Beaurepaire Rohan. A Secretaria de Obras Públicas apresentou na mesma seção as cartas provinciais de nove Províncias. Nesse mesmo prédio, no departamento de *Artes*, estiveram expostos os quadros de Victor Meirelles (*Riachuelo, A primeira missa* e *O encouraçado*), de Pedro Américo (*Passo da Pátria*), entre outros.

Diferente do firme tom de Saldanha da Gama em relação à posição do Brasil, o relatório do Ministro da Agricultura, Thomaz Coelho de Almeida, ressaltava as mesmas questões de inspiração nacional sem comprometer nenhum posicionamento. Neste, a Comissão teria preparado uma grande coleção de artigos para que naquela "esplêndida festa industrial" o mundo tivesse uma "elevada ideia dos vastos recursos do Brasil e de sua adiantada civilização"

(RELATÓRIO, 1877, p. 44). Com uma abordagem diferente de Gama, Thomaz Coelho afirmava que o Brasil era pouco conhecido e apreciado pelo povo americano antes de 1876, sendo a Exposição "uma revelação da cultura intelectual do Império e de seus progressos industriais" (*idem*, p. 45).

Pesavento nos adverte frente a essas afirmações dizendo que mais importante "eram as determinações implícitas das imagens veiculadas pela propaganda" e que cada elemento desta "tem outro significado que não o seu significado literal" (PESAVENTO, 1997, p. 49). Ou seja, os mapas aqui não eram vistos somente como uma imagem objetiva de um pedaço do globo terrestre. Ele é considerado uma apropriação simbólica do território, e seu poder opera através de um discurso cartográfico. Sua imagem estava inserida em um contexto de propaganda, que possuía significados diversos além do que estava explícito. Assim, os mapas estavam sintonizados com as conjunturas de civilização e progresso por trás das Exposições.

Apesar de estarmos lidando com informações lacunares sobre a recepção da *Carta Geral do Império* na Exposição da Filadélfia, ao identificar este aspecto de sua circulação estamos caminhando na direção da metodologia proposta por Harley de analisar a relação entre criadores e leitores dos mapas.

O Oitocentos entre livros... 49

Legenda fig 01: "Kansas and Colorado-State Exhibits," Illustrated Catalogue of the Centennial Exhibition, Philadelpia, 1876 (New York: John Filmer, 1876).

A Carta Geral do Império

A *Comissão da Carta Geral do Império*[4] (1862-1878) se destacou dentre as diversas comissões do Ministério da Agricultura, que além de ser responsável pelo mapa tornou-se incumbida da organização de todos os trabalhos geodésicos (RELATÓRIO, 1872). O momento inicial foi marcado por dificuldades inerentes à grande parte das instituições do governo imperial, como a falta de profissionais habilitados para os cálculos, desenhos e expedições; a falta de retorno das informações cartográficas requisitadas às Províncias; e a pequena quantidade de mapas para começar os trabalhos compilatórios que são o fundamento da elaboração de um mapa. Os primeiros problemas foram lentamente solucionados na medida em que novos

---

4   Daqui em diante CCGI.

profissionais se formaram, e o último se deveu aos esforços pessoais do engenheiro Ernesto José Carlos Vallée, que chefiou a Comissão entre 1864 e 1872, e do diplomata João Duarte da Ponte Ribeiro, que angariaram uma grande soma de mapas que foram amplamente utilizados pelos engenheiros e desenhistas.

A ideia inicial da Comissão era a confecção de um mapa com 42 folhas. Após quase 10 anos, os poucos mapas que estavam concluídos precisavam de correções. Estas e outras dificuldades, e a urgência em expor o mapa nas exposições, fez com que o chefe da Comissão, Dr. João Nunes de Campos (1872-1874), o desenhista Lauriano José Martins Pena e, o que seria o último chefe da Comissão, Henrique de Beaurepaire Rohan (1874-1878), reduzissem-no para 4 folhas em uma escala de 1:3.710.220, metade da original. A versão reduzida teve uma atenção especial com uma seção exclusiva. No relatório que indicava os fins dos trabalhos de redução, Beaurepaire Rohan apontou que "sente profundamente" não possuir dados para "oferecer um trabalho digno de ser verdadeiramente apreciado", e que este serviço "não se pode obter neste século", mas somente quando a demanda de dinheiro, pessoal habilitado e totalmente dedicado a estes trabalhos for saciada (ROHAN, 1875, p. 28).

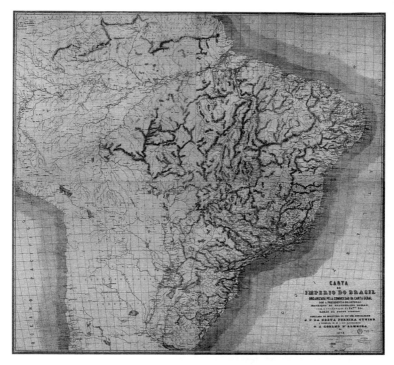

Legenda fig 2: *Carta do Império do Brasil* em 1875. Fonte: Fotomontagem a partir das quatro folhas do mapa original fotografado na 5ª Divisão de Levantamento do Exército.

A *Carta Geral do Império* apresentava uma boa noção da cientificidade expressa no século XIX, buscando a adoção de uma linguagem universal e a padronização dos meios de fazer e ler mapas. Os já citados "vazios cartográficos" apareciam sem alegorias nem simbologias imprecisas. O desconhecimento dos territórios vizinhos ainda era bem aparente, com a ressalva do Paraguai, o que esclarece a opção da CCGI em demonstrar esses vazios. O meridiano zero permanecia ainda no Rio de Janeiro[5], já que o padrão internacional do observatório de Greenwich configurou-se somente em 1884, com a Conferência Internacional de Washington para a determinação do meridiano zero. O mapa, monocromático, apresentava os territórios indígenas e o nome da etnia em questão, elementos representativos para hidrografia, relevo, estradas de ferro construídas e as que estavam planejadas para construção. As fronteiras internacionais possuíam poucos destaques em suas representações, diferente de outros mapas nacionais do século XIX que tinham outros fins, como o *Atlas do Império do Brasil*, de Candido Mendes, voltado para o ensino de geografia e repleto de representações coloridas que, além de facilitar a visualização, fortalecia a ideia de identidade e unidade territorial; e o mapa elaborado por Conrado Niemeyer, a *Carta Niemeyer*, com fronteiras coloridas bem destacadas.

Se nos distanciarmos lentamente quando observamos o mapa, temos a ideia de obstáculos. As cadeias de montanhas foram desenhadas como muralhas, e as vias de transporte estabeleciam-se visualmente em menor destaque. Esta representação maciça do relevo em lugar da hidrografia, presente em grande parte dos mapas do século XIX, esteve arraigada nos conceitos geográficos de Philippe Buache (1700-1763), do século XVIII. Segundo o geógrafo Fábio Guimarães (1906-1979), a hipótese de Buache, de que as cadeias de montanhas fossem sempre divisoras de águas, influenciou profundamente o século XIX e foi responsável por muitos erros na representação do relevo (GUIMARÃES, 1963). Sobre isso, ele cita Delgado de Carvalho que afirma que muitos dos mapas do final do século XIX estavam "caracterizados pelas extensas minhocas ou lacraias que

---

5   O costume era utilizar meridiano de observatórios, porém, como o morro do Castelo possuía planos de ser derrubado, foi adotado o meridiano do Pão de Açúcar (ROHAN, 1875).

O Oitocentos entre livros... 53

representam a orografia e fecham hermeticamente as desejadas "bacias fluviais"' (CARVALHO, 1925, p. 75). Sendo assim, o país poderia ser interpretado pelo imaginário social como intransponível, fechado, o que podia ter auxiliado na defesa e na afirmação do território nacional. Porém, podia dificultar o tão desejado movimento do braço trabalhador dos imigrantes europeus.

Mesmo assim, percebemos que o discurso civilizatório se multiplicou com as iniciativas de incentivo à imigração europeia e norte--americana. A divulgação dessa imagem do Brasil tornou-se uma possibilidade para novas frentes migratórias e representava o interesse da elite política em solucionar o problema da falta de mão de obra diante das políticas abolicionistas.

Após a exposição do mapa, os trabalhos da Comissão decresceram significativamente, se dividindo em três seções: Desenho (responsável pelas cópias e reduções de diversos mapas); Triangulação (levantamento geodésico da Corte); e Escrituração (que realizava a análise absoluta e relativa da exatidão dos instrumentos, e a "composição de tabelas, que facilitassem as conversões e as correções das graduações de diferentes instrumentos" (RELATÓRIO, 1877, p. 342). Os resultados da Comissão, no entanto, não se limitaram ao mapa e à triangulação da Corte. Os trabalhos de cópias e reduções, desse e outros mapas, foram efetuados desde o início, e intensificados após a publicação da versão reduzida em 1876. A partir dessas versões "procedeu a comissão a avaliação da área do Império, calculando sua superfície dos quadriláteros e frações dos quadriláteros em que dividiu a carta pelo traçado dos meridianos e paralelos distanciados de 30 minutos" (RELATÓRIO, 1877, p. 339). Chegando ao resultado de 8.337.218 quilômetros quadrados. Este resultado foi uma das pouquíssimas menções da *Carta Geral do Império* no *Diccionario Historico, Geographico e*

Ethnographico do Brasil, publicado no centenário da Independência em 1922, pelo Instituto Histórico e Geográfico Brasileiro.

O fim da CCGI em 1878, e das outras Comissões paralelas confirmou um despreparo administrativo e cultural frente à importância da cartografia. O que se agravou ainda mais com a sangria dos cofres públicos, referentes a diversos gastos como os da Guerra do Paraguai. A pressão econômica foi sentida internamente pelo governo e, após discussões e leis orçamentárias, setores do governo imperial acharam pertinente uma maior contenção de despesas e a extinção das comissões, "por ser contraria às circunstâncias financeiras atuais a conservação de serviços que não são urgentes" (ROHAN, 1878, p. 3).

Com o término dessas Comissões, as atividades cartográficas se limitaram em relação à área de interesse, como as Comissões Geográficas de São Paulo (1886) e de Minas Gerais (1891), e os planos ferroviários de iniciativa privada. Na República, as iniciativas de porte nacional reapareceriam nas mãos dos militares com a criação da Comissão da Carta Geral do Brasil, em 1903. No entanto, o sonho de um mapa nacional que satisfizesse as dimensões brasileiras e os critérios territoriais e científicos, se realizou somente em 1922 com a *Carta Geográfica do Brasil*, em comemoração ao centenário da Independência. Em todas essas entidades, a presença da CCGI apareceu em citações diminutas em rodapés, ou em relatórios técnicos. Mas, em nenhuma delas foi reconhecido o principal objetivo a que foi destinada a *Carta do Império*, a representação de progresso e civilização em território nacional e internacional. Motivo pelo qual talvez tenha sido posta em segundo plano por diversas áreas da historiografia brasileira.

Últimas Considerações

Do ponto de vista estritamente econômico, a *Carta Geral do Império* exprimia os interesses da produção agrícola e de extração mineral, fornecendo contribuições do ponto de vista geológico e de transportes. Se observarmos sob a ótica da política administrativa do governo imperial, possivelmente nos deparararíamos com os problemas de gestão territorial, ou as questões de sucessão e legitimidade da demarcação de limites. Dessa forma, a cartografia é mais que uma forma de conhecimento, ela é uma forma de poder.

Assim, se considerarmos todo o processo por trás da criação do mapa, os discursos dos agentes envolvidos e os elementos gráficos presentes em seus traços, poderemos nos aprofundar na interpretação desse documento para o entendimento mais amplo das diferentes circunstâncias do século XIX. Sua participação na Exposição Nacional de 1875 e Internacional de 1876 evidenciou a preocupação do governo com a presença do Brasil em atividades científicas de renome e precisão, o que simbolizava o país como um pólo de produção científica equiparável a países da Europa e os Estados Unidos. Elemento bastante representativo deste tipo de evento, a imagem de um mapa esteve, como ainda está, associada a um domínio do território, tornando-o elemento ímpar nas simbologias de progresso e civilização. Ao ver o mapa, o público brasileiro se deparava com a ideia de unificação nacional e da grande extensão territorial; do ponto de vista do estrangeiro, o Brasil estava "domesticado" e preparado para a chegada de sua mão-de-obra e de seus investimentos. Na vasta historiografia das Exposições Universais raramente se tem esse espaço como um importante local de circulação dos mapas nacionais. Além dessas ocasiões serem eventos marcantes para a produção de novos mapas nacionais, sendo um fato marcante para a história da cartografia.

Longe de ser um produto finalizado, a *Carta Geral do Império* tornou-se um marco, um divisor de águas, juntamente com o funcionamento integral de sua Comissão. A tentativa de representar o território seguindo os critérios de cientificidade de sua época propiciou ao mapa legitimar a figura do governo imperial no contexto de progresso e civilização que permeavam os países ocidentais. Este estudo colaborou também em visualizar esse documento cartográfico como um objeto presente na transição das representações do final do século XIX, apresentando aspectos de unidade e grandeza territorial presentes no Império, e os anseios de civilização e progresso encontrados com mais intensidade nos defensores da República.

Bibliografia:

ANDREWS, J. H. Meaning, Knowledge and Power in the Map Philosophy of J. B. Harley. In: HARLEY, J. B. *The New Nature of Maps:* Essays in the History of Cartography. Baltimore and London: The John Hopkins University Press, 2001.

BASSET, Thomas. Cartography and Empire Building in Nineteenth-Century West Africa. *Geographical Review*, vol. 84, n° 3, p. 316-335, 1994.

CAPILÉ, Bruno; VERGARA, Moema de Rezende. Circunstâncias da Cartografia no Brasil oitocentista e a necessidade de uma Carta Geral do Império. *Revista da Sociedade Brasileira de História da Ciência,* vol. 5, n° 1, p. 37-49, 2012.

CATALOGUE of the Brazilian Section. *Philadelphia International Exhibition,* 1876. Philadelphia: Press of Hallowell, 1876.

CARVALHO, Carlos Delgado de. *Metodologia do Ensino Geográfico.* Rio de Janeiro: Livr. Francisco Alves, 1925, p. 75. *Apud* GUIMARÃES, Fábio de Macedo Soares. Observações sobre o Problema da

Divisão Regional. *Revista Brasileira de Geografia*. Ano xxv, n° 3, jul-set, p. 289-311, 1963. p. 291.

GAMA, José Saldanha da. *Estudos sobre a Quarta Exposição Nacional de 1875*. Rio de Janeiro: Typographia Central de Brown & Evaristo, 1876. p. 7.

GUIMARÃES, Fábio de Macedo Soares. Observações sobre o Problema da Divisão Regional. *Revista Brasileira de Geografia*. Ano xxv, n° 3, jul-set, p. 289-311, 1963.

HARLEY, J. B. *The New Nature of Maps*: Essays in the History of Cartography. Baltimore and London: The John Hopkins University Press, 2001.

HEIZER, Alda. *Observar o Céu e medir a Terra*. Instrumentos científicos e a participação do Império do Brasil na Exposição de Paris de 1889. Tese (Doutorado em Ensino de História e Ciências da Terra) – Instituto de Geociências da Universidade Estadual de Campinas (UNICAMP), Campinas, 2005.

KNAUSS, Paulo. Imagem do Espaço, Imagem da História. A representação espacial da cidade do Rio de Janeiro. *Tempo*, Rio de Janeiro, vol. 2, n° 3, p. 135-148, 1997.

_____. *Brasil*: Uma cartografia. Rio de Janeiro: Casa da Palavra, 2010.

PEIXOTO, Renato Amado. *A máscara da medusa*: A construção do espaço nacional brasileiro através das corografias e cartografia no século xix. Tese (Doutorado em História) – Programa de Pós-Graduação em História Social do IFCS/UFRJ, Rio de Janeiro, 2005.

PESAVENTO, Sandra Jatahy. *Exposições Universais:* Espetáculos da Modernidade do Século xix. São Paulo: HUCITEC, 1997.

RELATÓRIO do Ministério da Agricultura, do Comércio e das Obras Públicas do ano de 1871, 1872.

RELATÓRIO do Ministério da Agricultura, Comércio e Obras Públicas do ano de 1876. Rio de Janeiro, 1877.

ROHAN, Henrique de Beaurepaire. *Relatório da Comissão da Carta Geral do Império*. In: RELATÓRIO Ministério da Agricultura, do Comércio e das Obras Públicas do ano de 1874, 1875.

ROHAN, Henrique de Beaurepaire. *Relatório final da Comissão da Carta Geral do Império*. Rio de Janeiro: Typographia Nacional, 1878.

Livros, teses e periódicos médicos na construção do conhecimento médico sobre as doenças nervosas na Corte Imperial (1850-1880)

Monique de Siqueira Gonçalves[1]

Apresentação

Analisamos nesse artigo os meandros da construção do conhecimento médico sobre as *névroses*,[2] nos primórdios da psiquiatria no Brasil, com base num extenso levantamento bibliográfico, realizado através da identificação de todas as matérias publicadas em periódicos médicos e das teses de doutoramento apresentadas à Faculdade de Medicina do Rio de Janeiro sobre esta temática, de 1850 a 1880,

---

1   Professora e pesquisadora de Pós-doutorado do Programa de Pós-Graduação em História da Universidade do Estado do Rio de Janeiro, sob a supervisão da Prof.ª Dr.ª Tânia Maria Tavares Bessone da Cruz Ferreira, com pesquisa financiada pela bolsa de Pós-doutorado da Fundação Carlos Chagas de Amparo à Pesquisa do Estado do Rio de Janeiro – Programa de Apoio ao Pós-doutorado do Estado do Rio de Janeiro (Parceira CAPES/FAPERJ).

2   A palavra "nevrose" foi sistematicamente utilizada nas teses médicas defendidas na Faculdade de Medicina do Rio de Janeiro e correspondia à *névrose*, conceito utilizado por Pinel (BERCHERIE, 1989) e traduzido para a língua portuguesa como nevrose ou neurose. A palavra "nevrose" caracterizava as doenças do sistema nervoso que não apresentavam lesões orgânicas apreciáveis, dentre as quais constavam a epilepsia, a histeria, a alienação mental (mania, melancolia, etc.), além de outras moléstias nervosas. Optamos pela utilização da palavra "nevrose" por acreditarmos que essa expressa de forma mais fiel o conceito adotado pelos médicos brasileiros.

na Corte imperial. Assim, objetivamos primeiramente defender com essa análise, que os esculápios envolvidos no estudo e/ou tratamento das doenças nervosas na capital do Império do Brasil não contavam somente com uma grande diversidade de referenciais teóricas, como estavam permanentemente atualizados com relação ao que era produzido nos círculos científicos europeus.[3] Atualização essa que, se por um lado embasava as reflexões desenvolvidas pelos médicos brasileiros no âmbito da prática médica cotidiana, por outro fornecia um argumento de autoridade indispensável para uma especialidade médica que se encontrava em busca da legitimação sócio-profissional.

Esse cenário de intensas trocas de informações era possibilitado pelo aquecimento do mercado editorial mundial que fazia do Rio de Janeiro o porto de entrada de livros e periódicos recém-lançados na Europa, sobretudo a partir da década de 1850 – e com mais intensidade nos anos de 1870 –, quando a intensificação do transporte ultramarino através dos paquetes a vapor dinamizou o intercâmbio comercial entre o Brasil, a Europa e o Estados Unidos (EL-KAREH, 2003). Por outro lado, a conformação de um círculo de intelectuais médicos em torno de instituições como a Academia Imperial de Medicina e a Faculdade de Medicina do Rio de Janeiro criara um grupo de interlocutores bastante ciosos por estas novidades que passaram a povoar as prateleiras das livrarias da cidade. A relevância de tais publicações para o comércio de livros do Rio de Janeiro pode ser verificada, ainda, pelo crescente aumento da quantidade de

---

3   Esta dinâmica de troca de informações científicas na segunda metade do século XIX, que tinha como base a troca de publicações entre médicos dos dois continentes, era realizada tanto por intermédio dos editores das revistas médicas especializadas, como pelos membros de instituições científicas, como a Academia Imperial de Medicina, aspecto que já foi destacado pela historiografia. Sobre este assunto: Edler (1992); Gonçalves (2011).

anúncios de livrarias, focados em livros de medicina, nas páginas do principal jornal da Corte, o *Jornal do Commercio*, ao largo das décadas de 1850, 60 e 70.

Desta forma, apresentaremos neste artigo, a partir do levantamento realizado em teses e periódicos, uma análise dos referenciais teóricos utilizados pela nascente psiquiatria no Brasil, com vistas à consolidação da hipótese de que, apesar dos entraves institucionais, muitos esforços foram realizados pelos médicos brasileiros na compreensão das doenças nervosas, não estando eles limitados a uma simples repetição do conhecimento produzido na Europa, mas guiados pela observação clínica cotidiana.

O contexto socioeconômico e cultural da cidade do Rio de Janeiro

Ao longo da segunda metade do século XIX se consolidou, na capital do Império do Brasil, um ambiente socioeconômico e cultural favorável ao crescente incremento das importações de livros e impressos, principalmente daqueles de língua francesa, na área das ciências, história e literatura (HALLEWELL, 2005, p. 198). A cidade do Rio de Janeiro era, então, o principal porto de entrada, distribuição e venda de livros e periódicos estrangeiros do Império, estando estabelecidos nela os principais livreiros franceses, responsáveis pelo aquecimento do mercado editorial da Corte. Além do mais, em meados dos Oitocentos, a cidade concentrava o maior número de leitores do Império, além do maior número de livrarias, variadas publicações de periódicos e almanaques, e um razoável número de bibliotecas (FERREIRA, 2005, p. 1).

A partir do levantamento realizado nas páginas do *Almanak Laemmert* de 1850 a 1889, contabilizamos um total de cento e vinte empreendimentos que teriam atuado na Corte Imperial sob a chancela de "Mercadores de livros", "Lojas de livros", "Armazéns de livros", "Livrarias", ou ainda "Lojas de livreiros Antiquários" e "Livreiros – Antiquários e Alfarrabistas". Muitos desses negócios tinham a efêmera duração de um a dois anos, mas parte significativa permanecia atuando no mercado por mais de cinco anos. Dos cento e vinte contabilizados, cinquenta mercadores permaneceram no mercado por mais de cinco anos, sendo que destes, trinta e dois atuaram nas ruas da Corte por mais de dez anos, como podemos observar pelo gráfico e tabela abaixo:

Gráfico 1

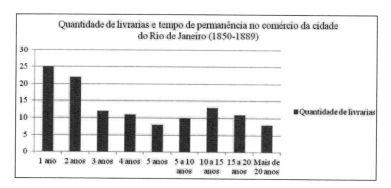

Fonte: *Almanak Laemmert* (1850-1889).

O Oitocentos entre livros...   63

Tabela 1 – Tempo de permanência de livreiros e livrarias na cidade do Rio de Janeiro (1850-1880)

Tempo de duração	Quantidade de livrarias	Anos 50[4]	Anos 60	Anos 70[5]
1 ano	25	07	02	16
2 anos	22	07	07	08
3 anos	12	03	03	06
4 anos	11	02	04	05
5 anos	08	02	03	03
5 a 10 anos	10	03	02	05
10 a 15 anos	13	04	04	05
15 a 20 anos	11	03	01	07
Mais de 20 anos	08	04	03	01
Total	120	35	29	56

Fonte: *Almanak Laemmert* (1850-1889).

Os números expostos acima demonstram que existia uma quantidade significativa de negócios na área do comércio do livro na cidade do Rio de Janeiro e apontam para um mercado aquecido e em crescimento, pois, como podemos observar na Tabela 1, a quantidade de empreendimentos nesta área assiste a um substancial incremento na década de 1870, após uma leve queda ocorrida nos anos 1860. Apesar de serem consideráveis as cifras de negócios com durabilidade de até dois anos, a persistência no surgimento de tais empreendimentos revela que o mercado livreiro continuava a atrair negociantes para a cidade, os quais tinham que atuar em um ambiente competitivo e no qual já haviam se consolidado empresas como a Livraria Universal, de Eduard Laemmert e a Livraria Garnier, do livreiro francês Baptiste Louis Garnier (HALLEWELL, 2005, p. 195-268), ambas grandes livrarias estabelecidas na afamada Rua do Ouvidor.[6]

---

4   Refere-se à década de surgimento do anúncio nas páginas do *Almanak Laemmert*.

5   Com relação às livrarias surgidas na década de 1870, estendemos as pesquisas até o ano de 1889 no *Almanak Laemmert*.

6   Alessandra El Far também apresenta um interessante panorama sobre o comércio do livro na cidade do Rio de Janeiro, nas três últimas décadas do século XIX. Ver: El Far (2004, p. 27-76).

Segundo Alessandra El Far (2004), dificilmente um leitor carioca, no final do século XIX, voltaria para casa de mãos vazias, visto que, passeando pelas ruas do centro da cidade, encontraria, em geral, estantes abarrotadas de livros para todos os gostos e bolsos. Situação que, no que tange aos livros da área das ciências médicas, não era diferente, visto que havia se consolidado no Rio de Janeiro, a partir da instalação da Faculdade de Medicina do Rio de Janeiro em 1808[7], um importante nicho mercadológico a ser explorado pelos comerciantes que se estabeleciam na cidade. Afirmação esta que pode ser corroborada pelo crescente número de anúncios nas páginas de propagandas do *Jornal do Commercio* a respeito da venda de obras de medicina, seja pela simples menção à venda de "livros de ciências", ou pela publicação de listas com títulos da área médica que constantemente figuravam nesta editoria.

Ademais, como nos atenta Daecto (2011) ao analisar a formação e consolidação do comércio de livros na Província de São Paulo durante o século XIX, a expansão dos circuitos do livro tem como motor principal o leitor, sendo alguns os elementos que interferem na criação deste público leitor, como a demografia, a alfabetização e o poder aquisitivo da população. Desta maneira, ao analisar a difusão do livro francês em São Paulo, através do estudo dos catálogos da Casa Garraux, essa autora defende que tal movimento era fruto de uma longa tradição que vinha sendo fundada desde fins do século XVIII, por uma elite intelectual paulista formada em instituições europeias, a qual teria encontrado, na instalação da Academia de Direito, o impulso para o seu desenvolvimento (DAECTO, 2011, p. 33).

---

7   Escola Anatômica, Cirúrgica e Médica do Rio de Janeiro (1808), Academia Médico-Cirúrgica do Rio de Janeiro (1813) e Faculdade de Medicina do Rio de Janeiro (1832).

O Oitocentos entre livros... 65

Assim, ao buscarmos este motor de expansão do circuito do livro na Corte Imperial, não podemos negligenciar a importância dos acadêmicos e estudantes da Faculdade de Medicina do Rio de Janeiro, apesar de estarmos cientes da diversificação do círculo de intelectuais que compunha a capital do Império, que sendo a sede do governo imperial, congregava grande parte da elite política e intelectual (CARVALHO, 2003).

É importante ter em mente ainda que, além do acervo bibliográfico disponibilizado nas prateleiras das dezenas de livrarias que se encontravam instaladas nas principais ruas do centro da cidade, havia também um substancial acervo disponível aos intelectuais da Corte nas principais bibliotecas e gabinetes de leitura, como podemos observar pela tabela abaixo:

Tabela 2 – Crescimento do acervo de bibliotecas e gabinetes de leitura da cidade do Rio de Janeiro (1850-1889)

Bibliotecas	1850	1855	1860	1865	1870	1875	1880	1885	1889
Biblioteca Fluminense	10.000	18.000	28.000	32.000	36.000	42.000	44.000	45.000	60.000
Biblioteca da Faculdade de Medicina do Rio de Janeiro	–	–	–	–	–	–	–	35.000	35.000
Biblioteca da Sociedade Germânia	–	–	–	–	–	–	–	–	8.000
Biblioteca Nacional	–	–	–	–	–	120.000	124.000	140.000	170.631
Gabinete de Leitura Inglês	–	–	–	–	–	7.000	7.000	12.000	–
Gabinete Português de Leitura	16.000	27.000	32.000	40.000	42.000	50.000	50.000	62.473	64.000
Total	26.000	45.000	60.000	72.000	78.000	219.000	225.000	249.473	277.631

Fonte: *Almanak Laemmert* (1850-1889).

Não tivemos acesso a cifras mais exatas com relação ao número de obras disponíveis nas "bibliotecas públicas" durante todo o período pesquisado, no entanto, se levarmos em consideração o constante e considerável incremento de acervos como o da Biblioteca Fluminense, da Biblioteca Nacional e do Gabinete Português de Leitura, temos uma medida da importância adquirida por estas instituições no contexto intelectual carioca. Além do mais, devemos atentar para o fato de que, na descrição dos acervos dessas três bibliotecas, eram colocados em evidência os "livros de ciências", assim como na enumeração dos periódicos estrangeiros assinados pela Biblioteca Fluminense em 1850 figuravam os periódicos médicos franceses *Gazette Médicale* e *Gazette des Hôpitaux*.

Neste contexto sociocultural, médicos e advogados faziam parte de um círculo de leitores bastante eclético composto por jornalistas, literatos, *bon vivants*, *flâneurs*, comerciantes, políticos e boêmios, sendo muitos deles responsáveis pelo consumo destas publicações impressas e pela formação de acervos bibliográficos pessoais que denotavam a preferência intelectual desta elite socioprofissional (FERREIRA, 1997).

No que tange à medicina mental, enquanto uma especialidade médica que ainda buscava a sua legitimação, é necessário destacar que, mesmo diante da carência de profissionais com formação especializada no tratamento de doenças nervosas atuando na cidade do Rio de Janeiro, – haja vista que a cadeira de moléstias mentais da Faculdade de Medicina do Rio de Janeiro só fora criada no ano de 1881, com a Reforma Leôncio de Carvalho (EDLER, 1992, FERREIRA; FONSECA; EDLER, 2001), – se conformou na segunda metade do século, no seio da *elite médica*[8] da capital, um grupo não homogêneo

---

8   A *elite médica* não é formada necessariamente pelos melhores médicos, mas por aqueles indivíduos que, tradicionalmente, concentram em suas mãos os

de médicos clínicos interessados no tratamento e na reflexão sobre a etiologia das doenças mentais, identificadas genericamente como "nevroses". Muitos destes médicos atuavam no serviço sanitário do Hospício Pedro II, – primeiro hospício da América Latina, fundado no Rio de Janeiro em 1852 (ENGEL, 2001; GONÇALVES, 2011; GONÇALVES; EDLER, 2009; ODA; DALGALARRONDO, 2005; TEIXEIRA, 1998) –, nas Casas de Saúde particulares especializadas no tratamento de alienados mentais, ou mesmo nas clínicas e consultórios particulares espalhados pela cidade que também realizavam o atendimento e tratamento de pessoas acometidas pelos diversos tipos de doenças nervosas (GONÇALVES, 2011).

Entre esses médicos figuravam no Hospício Pedro II (Manoel José Barbosa, Joaquim Antonio Araújo Lima, José Theodoro da Silva Azambuja, Ignácio Francisco Goulart, Luiz José da Silva, José Joaquim Ludovino da Silva, José Custódio Nunes, Pedro Dias Carneiro, Henrique Hermeto Carneiro Leão, Gustavo Balduíno de Moura e Câmara, Francisco Cláudio de Sá Ferreira e Nuno Ferreira de Andrade, esse último, membro titular da Academia a partir de 1879 e assíduo colaborador do *Annaes* a partir da década de 1880); na Casa de Saúde do Dr. Eiras (Manoel Joaquim Fernandes Eiras, Manoel José Barbosa, Joaquim Pedro da Silva, João Roberto d'Almeida e Antonio Romualdo Monteiro Manso); na Casa de Saúde de São Sebastião (Henrique Hermeto Carneiro Leão e Ignácio Francisco Goulart); e na Clínica de Moléstias Mentais e Nervosas (Augusto Costa). Levantamento esse que é bastante parcial visto que, em se tratando das Casas de saúde particulares, só tivemos acesso ao nome dos médicos principais, ao passo que já constatamos (por meio de comentários fragmentados) que outros médicos atuavam nesses

diferentes tipos de poder profissional (WEISS, 1988).

espaços como médicos internos, alguns dos quais eram doutorandos ou recém-doutores pela Faculdade de Medicina do Rio de Janeiro.[9] Assim, partindo das observações clínicas cotidianas, esses médicos buscavam na literatura disponível nas diversas livrarias da cidade ou mesmo nas bibliotecas públicas, como a Biblioteca Nacional, a biblioteca da Faculdade de Medicina do Rio de Janeiro, a Biblioteca Fluminense e o Gabinete Português de Leitura, substratos para a reflexão sobre tais moléstias, principalmente no que tangia às aplicações terapêuticas no tratamento de doenças como a alienação mental, a loucura puerperal, a histeria e a epilepsia, entre outras. Também por meio de periódicos médicos nacionais, como o *Annaes Brasilienses de Medicina*[10], os esculápios interessados nesta temática encontravam subsídios para tal reflexão, pois esse assunto estaria presente tanto nos debates ocorridos nas sessões da Academia Imperial de Medicina, como em algumas matérias publicadas a partir dos anos 1850, quando começaram a figurar nas páginas dos *Annaes*, com um pouco mais de frequência, artigos traduzidos de periódicos estrangeiros e *Memórias*[11] apresentadas pelos acadêmicos.

A busca da legitimação socioprofissional dos médicos empenhados no tratamento das doenças nervosas passava, pois, pela consolidação dos conhecimentos referentes a essa especialidade e a base para a estruturação deste conhecimento, pelo menos até os anos

---

9   Um indício desta presença encontra-se na tese de Antonio Romualdo Monteiro Manso (MANSO, 1874) que afirma ter colhido informações sobre o tratamento de epiléticos na Casa de Saúde do Dr. Eiras enquanto atuava como auxiliar.

10   Periódico mensal editado pela Academia Imperial de Medicina.

11   Eram denominadas *Memórias* os trabalhos monográficos, de cunho científico, apresentados por médicos brasileiros ou estrangeiros à Academia Imperial de Medicina, com o objetivo de fazerem parte do corpo acadêmico, seja como membros honorários, titulares, adjuntos ou correspondentes.

1880, encontrava-se no acesso a essa produção bibliográfica contemporânea e diversificada que permitia aos médicos da Corte uma constante atualização sobre os debates que se desenrolavam nos principais centros de produção de conhecimento da Europa. Assim, atentar para essas trocas de conhecimentos, possibilitadas pela intensidade do mercado editorial mundial, significa compreender melhor a forma como se estruturaram os conhecimentos a respeito da medicina mental nos primórdios da psiquiatria no Brasil.[12]

O que liam esses médicos?

Ao contrário do que vem sendo afirmado por uma grande soma de analistas com base no pioneiro trabalho de Roberto Machado, et. al., *Danação da norma*, no Brasil o conhecimento sobre as doenças nervosas não estava pautado, até os anos 1870, somente nas concepções inauguradas por Philippe Pinel e consolidadas por seu sucessor Étienne Esquirol. Tais teóricos configuravam, de fato, no panteão dos fundadores de um tratamento moral que teria possibilitado a "libertação" dos alienados das correntes que os mantinham aprisionados às instituições punitivas e fora do escopo da intervenção médica. No entanto, muito já havia sido produzido desde que Pinel escrevera a obra *Traité médico-philosophique sur l'aliénation mentale*, publicada em 1808, e, em meados dos Oitocentos, outras correntes teóricas, como a *anatomopatologia*, já influenciavam fortemente as reflexões sobre as doenças mentais no continente europeu. Além do mais, ao travarmos contato com os trabalhos escritos por médicos brasileiros

---

12 Tendo como base o arcabouço teórico de Andrew Abbott (1988) em *The systems of professions*, compreendemos que a análise das ideias científicas que circulavam entre os médicos "alienistas" é profundamente relevante na medida em que a falta de legitimidade profissional da medicina mental no Brasil estava pautada na falta de consenso quanto aos pressupostos epistemológicos que informavam o tratamento das nevroses e não na falta de uma perspectiva científica.

de 1850 a 1880, podemos perceber que, apesar da relevância dos teóricos franceses, grande importância era conferida aos trabalhos teóricos produzidos por médicos ingleses, sendo constante a referencia a esta literatura. A língua francesa tinha mais penetração nos círculos intelectuais brasileiros, mas esta característica não colocava os teóricos ingleses em desvantagem com relação aos teóricos franceses, sendo constante a alusão a esses estudiosos nas teses produzidas durante esse período, mesmo porque muitos desses trabalhos tinham versões na língua francesa.

O próprio médico diretor do serviço sanitário do Hospício Pedro II de 1852 a 1866, Manoel José Barbosa, ressaltava no seu relatório à provedoria da Santa Casa de Misericórdia de 1862 que Pinel prestara um grande serviço à ciência ao rejeitar os meios empíricos e confiar nas doenças da natureza, mas esse progresso seria tudo o que ele poderia fazer de melhor naquela época. Ao apresentar as terapêuticas utilizadas no tratamento de alienados no Hospício Pedro II, Barbosa rejeitava a pura aplicação do tratamento moral, preconizado por Pinel e Esquirol, e defendia a aplicação tanto do "tratamento médico" quanto do "tratamento moral", asseverando que, se o primeiro consistia na "ação direta sobre as diversas partes do corpo com o fim de modificarem indiretamente o estado do cérebro", o segundo se daria diretamente sobre o órgão, "modificando sua ação como agente das faculdades afetivas e intelectuais" (BARBOSA, 1872, p. 72).

Ainda defendendo a aplicação do que denominava "tratamento médico", relacionava a utilização da sangria, dos banhos mornos, das duchas, dos purgativos, dos eméticos, dos calomelanos, dos exultórios e de algumas outras substâncias farmacológicas como o ópio, o sulfato, o cloridrato de morfina e a codeína. Ainda no que dizia respeito à sangria, destacava, em oposição à Pinel e Esquirol, que ela era útil em muitos casos. Opinião que emitia apoiando-se no parecer

dos alienistas Halam da Inglaterra, J. Franck, da Áustria, e Rhus, dos
Estados Unidos:

> A respeito deste meio nós partilhamos a
> opinião dos médicos da atualidade: a san-
> gria deve ser e tem sido empregada na
> mania, quando o indivíduo é forte e ple-
> tórico, e naqueles casos em que o delírio é
> acompanhado de irritação ou inflamação
> das membranas do cérebro. Neste caso as
> evacuações sanguíneas gerais e locais não
> só concorrem para a cura dos doentes,
> como servem para prevenir alterações or-
> gânicas, que para o futuro determinarão
> demências incuráveis. (*idem, ibidem*)

Também ao analisarmos os debates travados no ambiente acadêmico, podemos verificar a presença dessa diversidade teórica, certamente enriquecida pela dinâmica do mercado editorial mundial.
O médico e acadêmico José Pereira Rego, em Sessão Geral de 13
de maio de 1848 da Academia Imperial de Medicina,[13] afirmara que
a doutrina francesa estava perdendo parte de suas conquistas junto
aos médicos da Província do Rio de Janeiro devido, sobretudo, à sua
anarquia terapêutica, terreno no qual a medicina italiana, segundo
este acadêmico, encontrava-se muito mais avançada, visto que já teria aprofundado seus estudos no que concernia à ação fisiológica
dos medicamentos. Para este acadêmico, os estudos terapêuticos das
substâncias medicamentosas eram realizados de maneira defeituo-
sa pela medicina francesa, a qual julgava seus efeitos curativos pelo
maior ou menor número de resultados felizes com eles alcançados

---

13 REGO, José Pereira. Sessão Geral de 13 de maio de 1848. *Annaes Brasilienses
da Academia Imperial de Medicina*. Outubro de 1848, p. 78-83.

em certa quantidade de fatos conhecidos, sem se importar com a ação medicamentosa sobre cada caso individualmente.

Segundo Pereira Rego, a medicina francesa havia avançado, substancialmente, em termos de estudo diagnóstico e no que se referia ao conhecimento da anátomo-fisiologia, mas a terapêutica empregada jazia em "perfeita anarquia", deixando seus seguidores constantemente embaraçados, sob a completa incerteza acerca dos melhores medicamentos a empregar em cada situação. Opinião essa compartilhada na mesma sessão por outros renomados médicos como Sigaud e Paula Cândido.

No que se referia à prática médica no Brasil, ainda que não houvesse "uma medicina propriamente brasileira", no parecer de Pereira Rego, não se verificava uma sujeição a nenhum sistema, mas sim a adoção de diversos sistemas, modificados segundo a própria experiência e observação obtidas no cotidiano da prática médica. Baseando-se no relato desse reconhecido esculápio e no estudo analítico realizado nessa pesquisa, podemos afirmar que apesar do grande prestígio da medicina francesa entre a elite médica, essa não ocupava uma posição de monopólio. Segundo Rego, a influência da escola francesa era seguida de perto (em quantidade de adeptos) pela medicina italiana, em terceiro lugar, pela inglesa (sobre a qual ressaltara o avanço dos teóricos ingleses no tocante às moléstias nervosas) e, por último, pela medicina alemã (pouco difundida devido à sua língua).

Um curioso episódio, ocorrido na Academia Imperial de Medicina, pode ainda reforçar o que sublinhamos anteriormente. Na sessão de 17 de abril de 1876, uma consulta realizada por um homem que havia sido preso como alienado mental e enviado posteriormente ao asilo de mendicidade e, em seguida, ao Hospício

Pedro II, nos demonstra, mais uma vez, o esforço realizado por parte dos médicos brasileiros na compreensão das moléstias nervosas.

Interpelados sobre a sanidade da vítima, os médicos que compunham a comissão responsável pela análise do caso, concluíam, após a observação do interpelante, que este gozava de suas faculdades mentais e que o diagnóstico de alienado mental, emitido pelo médico da delegacia de polícia da Corte, não estava correto. Para sustentar com veemência o parecer que estavam defendendo, seguiam tal relatório fazendo uma vasta lista de referências a autores estrangeiros, sublinhando as especificidades e dificuldades que este campo do conhecimento apresentava. Autores como Magnus Huss, Lunier, Renaudin, Hufeland, Bruhl-Cramer, Legrand, Briand, Marc, A. Brière de Boismont, Trélat, Evrat, Dumesnil, Pinel, Daquin, Esquirol, Fournet, Lélut, Jules Falret, A. Brièrre de Boismont, Th. Reid, Thomas A. Wise, Moreau de Tours, La Roche Foucault, Liancourt, Desportes, Sacaze, Hoffbauer, Buchez, Forbes Winslow, além de Augusto Ferreira dos Santos eram utilizados pelos acadêmicos responsáveis pela confecção do parecer, que, por muitas vezes faziam referências às obras e às páginas onde estava o conteúdo por eles utilizado.

Sob o aspecto analítico, a longa lista de referenciais por eles utilizada revela-nos a intensidade dos contatos intelectuais travados no meio acadêmico, que de forma alguma estavam restritos à escola francesa, apesar de sua maioria a ela pertencer. Além disto, essa longa explanação nos possibilita compreender também a forma como o conhecimento era produzido no meio acadêmico. A fim de responderem a questões próprias, acionava-se uma série de autores que, sendo utilizados como argumento de autoridade, agiam no sentido de corroborar um ponto de vista a ser defendido previamente estabelecido, atuando como verdadeiros legitimadores.

As teses da Faculdade de Medicina do Rio de Janeiro

Ao realizarmos o levantamento preliminar das teses defendidas pelos formandos da Faculdade de Medicina do Rio de Janeiro de 1850 a 1880, constatamos a quase inexistência de trabalhos em que aparecesse no título a denominação genérica *alienação mental*. Somente na década de 1850, duas teses trataram desta temática, na parte das proposições, enquanto que, na década de 1870, três teses teriam como foco a *loucura puerperal*. As demais trinta teses exibiam em seus títulos diferentes referências a doenças reconhecidas, na segunda metade do século XIX, como sendo de "caráter nervoso". Figuravam entre elas: a epilepsia, a histeria, as paralisias, sendo algumas teses referentes a aplicações terapêuticas em doenças do sistema nervoso.

Nesse contexto, a epilepsia foi, sem dúvida, a moléstia nervosa que mais motivou trabalhos de final de curso, sendo *catorze* deles referentes a essa temática: dois produzidos e defendidos nas décadas de 1850 e 1860 e os outros doze, na década de 1870. A segunda doença mais abordada nas teses médicas foi a histeria (quatro teses), seguida pela loucura puerperal (três teses); completando a sequência a aplicação terapêutica do bromureto de potássio, a alienação mental, as alterações das faculdades intelectuais e a hidroterapia, todas com duas teses. Com apenas uma tese defendida figuravam as seguintes temáticas: as funções intelectuais, as nevroses, a terapêutica moral, as heranças, as alianças consanguíneas, as paralisias, além de uma tese tratando dos hospitais e hospícios.

Entretanto, baseados na análise das trinta e cinco teses selecionadas pudemos verificar a presença da questão da alienação mental em quase todas elas, seja como uma complicação (no caso da epilepsia e da histeria), ou como foco das aplicações de agentes terapêuticos. Além do mais, a alienação mental (ou loucura) figuraria, para a maior parte dos médicos, entre as "nevroses" – ou seja, em meio àquelas doenças decorrentes de distúrbios no sistema nervoso –, ao lado de moléstias como a epilepsia e a histeria.

Assim, objetivando analisar a diversidade de aportes teóricos utilizados nas teses médicas defendidas pelos médicos brasileiros na Faculdade de Medicina do Rio de Janeiro, de 1850 a 1880, optamos por centrar este trabalho nas teses sobre a epilepsia, tendo em vista tanto a complexidade dos assuntos abordados nas trinta e cinco teses, quanto o limitado espaço de um capítulo.

De forma mais ampla, procuramos comprovar, com esta análise, a hipótese de que apesar da existência de grandes entraves no modelo de ensino aplicado na Faculdade de Medicina do Rio de Janeiro – destacando-se a precariedade e o reduzido número de laboratórios, a inexistência de cadeiras, como a cadeira de moléstias mentais e a falta de liberdade de ensino –, foram desenvolvidas, durante o período estudado, teses médicas que demonstram o grande esforço e, sobretudo, a atualidade e diversidade dos conhecimentos adquiridos pela categoria médica acerca das moléstias nervosas. Assim, intentamos com a presente análise, nos opor à percepção cunhada pela historiografia de que no Rio de Janeiro, pelo menos até o final dos anos de 1880, a prática médica direcionada às doenças nervosas estaria perpassada pela total ausência de concepções científicas, sendo os poucos conhecimentos explicitados nas teses de doutoramento resultantes da reprodução do conhecimento produzido por médicos de além-mar. No livro *Danação da norma* – estudo pioneiro sobre essa temática no Brasil –, Roberto Machado *et al*, ao analisarem os primeiros trabalhos teóricos sobre as doenças mentais, produzidos em meados do século XIX, ou seja, as teses de doutoramento em medicina, afirmam a respeito dessas que:

> Caracterizadas pela repetição do saber estrangeiro, onde o que muda é a predominância de um autor sobre os outros, elas retomam certos conflitos teóricos, por exemplo, o da natureza puramente orgânica ou não da doença mental. Retomados e simplificados, trabalhados com pouco rigor, tais conflitos permitem incoerências internas que a prática ausente não pode revestir de aparente objetividade. (MACHADO, *et al.*, 1978, p. 382)

E concluíam a análise consolidando uma perspectiva presente em muitos dos trabalhos sobre essa temática até a atualidade, a de que as teses eram instrumentos de validação de uma ofensiva médica, que tinham como meta circunscrever o louco como um elemento de desordem e periculosidade urbanas, prevendo para eles um local de exclusão.

Assim, objetivamos com esta pesquisa nos afastar desta corrente historiográfica que tende a interpretar o conhecimento médico como sendo uma ferramenta forjada somente com o intuito do controlar o comportamento de "sujeitos desviantes", caudatária de uma matriz interpretativa social-construtivista,[14] nos voltando para o estudo dos parâmetros epistemológicos que informavam os médicos brasileiros na compreensão da epilepsia enquanto uma moléstia de cunho nervoso. Não intentamos com isto desconsiderar a influência dos aspectos socioculturais na conformação deste saber, mas atentarmos para os aspectos epistemológicos que consubstanciaram essa área do conhecimento que buscava a sua legitimação, a fim de compreender de forma mais acertada os parâmetros científicos

---

14 Sobre este assunto ver: Bourdieu (2004); Pickering (1992) e Rousse (1992).

que informavam a prática médica acerca das *nevroses* nos Oitocentos. Parâmetros estes que certamente, encontravam na circulação de ideias possibilitada pelo intenso comércio mundial de livros e periódicos, um importante fator.

As teses sobre a epilepsia e seus referenciais teóricos

Como sinalizamos anteriormente, durante as décadas de 1850 e 1860, fora diminuta a quantidade de teses tratando das moléstias de cunho nervoso, e de todos os trabalhos analisados, somente aqueles relativos à epilepsia traziam maior riqueza de referências teóricas na sua redação, visto que essa temática já tinha sido amplamente explorada por uma série de médicos de países europeus. Em 1859, a tese intitulada *Algumas palavras sobre a epilepsia*, de autoria de Francisco Pinheiro Guimarães, abordava pela primeira vez a temática, por diversas vezes visitada pelos trabalhos de fim de curso dos estudantes da Faculdade de Medicina do Rio de Janeiro. No que tange à definição da epilepsia, citava as diferentes concepções de Foville, Mercurialis, Delasiauve, Antoine Portal, Esquirol, Édouard Monneret e Fleury a fim de reafirmar a indefinição que envolvia a doença.

Pinheiro Guimarães fazia ainda uma longa explanação sobre os diversos estudos necroscópicos realizados por cientistas europeus na busca por lesões anatômicas que definissem a existência material da moléstia no organismo humano, concluindo que a epilepsia além de não apresentar nenhuma lesão anatomopatológica, poderia coexistir com a completa integridade de todas as partes do organismo. Dentre os diversos autores citados a respeito da questão, figuravam especialmente, além dos já anteriormente mencionados: Georget, Piorry, Dumas, Margue, Ledue, Lorry, Bisset, Boucher, Cazaurseilh, Mestrod, Wensel, Ledue, Marchand, Chapean, Andravi, Bonnet e

Bander. Em torno dos quais citava as divergências encontradas com a realização de exames necroscópicos.

De forma geral, embora Pinheiro Guimarães tenha adotado, em grande parte, as acepções de Delasiauve, retiradas do trabalho publicado somente cinco anos antes da sua tese, intitulado *Traité de l'épilepsie*, o médico brasileiro não deixava de levantar objeções ao mesmo.

> O Sr. Delasiauve, indo de encontro às opiniões de Huffeland, de Boretius, de Esquirol, de Portal, e de outros muitos, não mostra-se disposto a encarar o vício escrofuloso como causa da epilepsia. Entretanto se notar-se que esse vício pode determinar lesões do crânio e do próprio encéfalo, lesões que como vimos no artigo anatomia patológica, determinam às vezes a epilepsia, não se poderá concordar com o ilustrado médico de Bicêtre; o mais que se lhe pode conceder é que esses casos sejam raros. (GUIMARÃES, 1859, p. 33)

A segunda tese que tinha como foco o estudo da epilepsia, intitulada *Epilepsia* era de autoria de Candido Emilio de Avelar, defendida em 1866. Assim como Pinheiro Guimarães, esse autor recorria a uma série de trabalhos produzidos por médicos franceses e ingleses, dando maior ênfase, no entanto, aos trabalhos dos autores ingleses. Dignos de consulta na França, segundo Avelar, seriam os trabalhos de Beau, Calmeil, Esquirol, Georget e Leuret, enquanto que, na Inglaterra, o autor conferia relevo para os trabalhos de Marshall Hall, Brouwn Sequard, Prichard, Sieveking e Watson. Eram citados ainda em seu trabalho os nomes dos médicos Delasiauve, Hasse, Russel Reynolds e Herpin.

Avelar defendia a diferenciação entre loucos e loucos epiléticos, afirmando que uma doença não dependia da outra; e, no que tangia à possível predisposição do sexo, afirmava que a proporção de afetados entre homens e mulheres seria a mesma, contrariando a perspectiva defendida por Herpin e Delasiauve – defensores de que a mulher seria mais predisponente – e adotando a ideia do inglês Watson. Com relação às causas acidentais dessa moléstia, o autor também adotava o ponto de vista dos ingleses, neste caso, Sieveking e Russel Reynolds, que as dividiam em quatro classes de causas: 1) físicas (perturbações mentais); 2) reflexão (irritações excêntricas; 3) prenhes, febre; 4) insolação. Além destas, mencionava como possíveis causas acidentais as emoções fortes (Morgani), o terror (Maisonneuve e West), emoções e cócegas na sola dos pés (Zimmerman, Dubrueil e Sauvages) e o exercício muscular (Radelife e Tissot).

Assim como na tese de Pinheiro Guimarães, não existia, neste trabalho, qualquer referência à realização de observações que viessem a confirmar ou negar às teorias expostas. Apesar da apresentação sumária de posições, não encontramos qualquer referência que pudesse apontar para a resenha de um único trabalho, sendo as posições expostas por Avelar reveladoras quanto à variedade de referenciais teóricos utilizados pelos estudantes e médicos brasileiros, que não se limitavam à escola francesa nos seus estudos.

Nas teses defendidas na década de 1870, tendo como temática a epilepsia, podemos notar um grande avanço tanto no que diz respeito à apresentação quanto à problematização das questões que envolviam a definição, a etiologia, o prognóstico e o tratamento dessa doença nos trabalhos de fim de curso elaborados. Apesar da falta de consenso em torno da etiologia da epilepsia e das necropsias que procuravam por lesões materiais que justificassem a existência orgânica dessa enfermidade, tais aspectos seriam o foco das discussões e os estudos de anatomia patológica se ampliavam para além das aulas de clínica médica; denotando a sintonia da medicina brasileira com aquela praticada na Europa.

A referência a autores estrangeiros segue o padrão observado nas décadas anteriores, sendo sempre diversificadas as citações a teóricos europeus, com a diferença de que algumas teses passaram a apresentar a bibliografia utilizada, fazendo referência aos títulos dos autores consultados e apresentando, por vezes, a data de edição das obras, e não somente as ideias defendidas por este ou aquele esculápio. Neste âmbito, a tese de Romualdo Monteiro Manso, defendida em 1874, apresentava a seguinte lista bibliográfica: M. Georget (de 1821), L. Cerise (1841), A. J. L. Jouplan (traduzida do alemão para o francês – 1848), K. E. Hasse (alemão - 1855), Moritz Henrich Romberg (alemão – 1857), H. Bourguignon (1860), Grisolle (1869), Sigismon Jaccoud (1870), João Vicente Torres Homem (1870), William A. Hamond (New York – 1873), Noel Gueneau de Mussy (1874), Herpin (1852), Moreau de Tours (1853), Delasiauve (1854), Pinheiro Guimarães (1859), Cândido Emilio de Avellar Júnior (1866), Herpin (1867), Jules Tardieu (1868), A. Voisin (1870), Brouwn-SEquard (trad do inglês para o francês – 1872), Pedro Sanches de Lemos (1872), Estevão Ribeiro de Rezende (1872), Belltyn-Halles (de Nova York na *Gazzete des hospitaux*, 1872), A. Trousseau (1873), Legrand Du Saulle (1874).

A partir da listagem exposta sumariamente acima podemos mais uma vez destacar a diversidade e atualidade dos referenciais teóricos utilizados, apontando, entretanto, para aspectos diferenciados como a citação de trabalhos de teóricos alemães e americanos e a utilização de trabalhos de autoria de outros médicos brasileiros. Nas demais teses defendidas na década de 1870, os autores seguiriam o mesmo padrão. Alberto Ulysses do Rego Lopes destacaria em sua tese, de 1877, os trabalhos de Schort, Leunier, Bouchet, Casauvieille,

Brown-Sequard, Fauville, Wensel, Folet, Baumes, Delausiauve, Voisin, Schroeder van der Kolk, Jaccoud, Herpin e Leuret, entre muitos outros; Ernesto de Castro Moreira, em sua tese de 1877, utilizaria Marshall-Hall, Kussmaul, Tenner, Schroeder Van der Kolk, Cl. Bernard, C. Bell, See, Brown Sequard; Necésio José Tavares, utilizaria como base os trabalhos de Marshall-Hall, Trousseau, Brown Sequard, Vulpian, Kussmaul, Tenner, Todd, Romberg, Lebert, Russel, Reynolds, Sieveking, Schröder van der Kolk, Augusto Voisin, Axenfeld, Beck Callenfelds, Grisolle, Niemeyer, Jaccoud, Watson, Sieveking, Esquirol, Axenfeld, Torres Homem, Pinheiro Guimarães, Trousseau, Delausiauve, Grisolle e Esquirol.

Em todas as teses apresentadas na década de 1870 as citações a autores estrangeiros cumpriam um papel central, sendo essas utilizadas, por um lado, enquanto argumento de autoridade, e, por outro, como base para as discussões de aspectos científicos relacionados à epilepsia, como a sua definição, etiologia, sintomatologia, diagnóstico, causas predisponentes, determinantes ou ocasionais, prognóstico (terminação e as possíveis complicações decorrentes desta moléstia) e tratamento.

A partir da análise das teses defendidas na década de 1870, tendo como temática a epilepsia, podemos notar um grande avanço – tanto no que diz respeito à apresentação quanto à problematização das questões que envolviam a definição, a etiologia, o prognóstico e o tratamento dessa doença nos trabalhos de fim de curso elaborados –, sempre pautado na citação cada vez mais extensa e diversificada de pesquisas desenvolvidas por médicos europeus. Além do mais, apesar das limitações relativas à falta de cadeiras de especialização na Faculdade de Medicina do Rio de Janeiro e, mesmo à deficiência de laboratórios que possibilitassem a realização de aulas práticas, por outros caminhos iam se delineando os conhecimentos relativos à epilepsia, assim como sobre as demais moléstias consideradas como sendo de cunho nervoso, sobretudo, pela existência de estabelecimentos como a Casa de Saúde Dr. Eiras e o Hospício Pedro II, onde a prática da clínica médica permitia a reflexão sobre as classificações nosológicas trazidas para o Brasil por meio das teses e livros produzidos por médicos europeus, sobretudo pelos franceses.

Conclusão

Partindo simplesmente da leitura das teses médicas não podemos afirmar categoricamente que todos os autores nelas referenciados tinham suas obras diretamente consultadas pelos médicos brasileiros, mas, com base no "paradigma indiciário" (GINZBURG, 1989), podemos asseverar que existem fortes evidências de que grande parte dessas obras circulava entre os doutorandos, seja através do intenso comércio livreiro da cidade do Rio de Janeiro – que dependia desse público consumidor para manter os seus negócios abertos –, seja através dos acervos das bibliotecas públicas ou particulares, que, na segunda metade do século XIX, já constituía um acervo considerável (FERREIRA, 2005).

Além do mais, devemos levar em consideração o fato de que através da leitura direta ou indireta (ou seja, pela leitura de terceiros), tais ideias acabavam sendo apropriadas pelos intelectuais médicos brasileiros que, com base nesta bibliografia, compunham o seu próprio repertório na compreensão das moléstias de cunho nervoso, com base, principalmente, na experiência clínica cotidiana no tratamento de pacientes no Hospício Pedro II ou nas Casas de Saúde particulares da Corte. Assim, ao atentar para a existência desta circulação de ideias, ainda mais intensificada pela circulação de periódicos estrangeiros na cidade, temos uma base para melhor compreender os parâmetros científicos utilizados pelos médicos brasileiros no tratamento das doenças nervosas, certos de que se esse conhecimento não era determinado univocamente por fatores sociais, conjugava tais fatores com aqueles relativos ao desenvolvimento de um campo científico (BOURDIEU, 2004) ainda em vias de legitimação.

Fontes

Jornais

Almanak Laemmert (*AL*) - (1850-1889)

Annaes Brasilienses de Medicina (*ABM*) - (1850-1880)

BARBOSA, Manoel José. Relatório do serviço sanitário do hospício de Pedro II, apresentado ao Exm. Sr. Marquês de Abrantes, pelo Dr. Manoel José Barbosa. *Gazeta Médica do Rio de Janeiro*. ago. set., 1862.

Jornal do Commercio (*JC*) - (1850-1880)

Teses médicas

ALVARENGA, Luiz José de. *Epilepsia*. Rio de Janeiro: Typographia Franco-Americana, 1874.

AVELAR JÚNIOR, Candido Emilio. *Epilepsia*. Rio de Janeiro: Typographia Universal de Laemmert, 1866.

GUIMARÃES, Francisco Pinheiro. *Algumas palavras sobre a epilepsia*. Rio de Janeiro: Typographia de D. L. dos Santos, 1859.

LEMOS, Pedro Sanches de. *Epilepsia*. Rio de Janeiro: Typografia do Diário do Rio de Janeiro, 1872.

LOPES, Alberto Ulysses do Rego. *Epilepsia*. Rio de Janeiro: Typographia de Domingos Luiz dos Santos, 1877.

MANSO, Antonio Romualdo Monteiro. *Diagnóstico e tratamento das diversas manifestações da Histeria e da Epilepsia.* Rio de Janeiro: Typographia Academica, 1874.

MAYOR, José da Cunha Soutto. *Epilepsia.* Rio de Janeiro: Typographia do Imperial Instituto Artístico, 1878.

MOREIRA, Ernesto de Castro. *Epilepsia.* Rio de Janeiro: Typ. de Leuzinger & Filhos, 1877.

RESENDE, Estevão Ribeiro de. *Epilepsia.* Rio de Janeiro: Typografia Universal de Laemmert, 1872.

SILVA, Pedro Quintiliano Barbosa da. *Epilepsia.* Rio de Janeiro: Typ. de G. Leuzinger & Filhos, 1877.

SOARES, José Celestino. *Diagnóstico e tratamento das diversas manifestações da Histeria e da Epilepsia.* Rio de Janeiro: Typographia da Reforma, 1874.

TAVARES. Necesio José. *Epilepsia.* Rio de Janeiro: Typographia do Direito, 1877.

TEIXEIRA, Eduardo Olympio. *Epilepsia.* Rio de Janeiro: Typografia Universal de Laemmert, 1873.

ULHÔA, Thomaz Pimentel d'. *Epilepsia.* Rio de Janeiro: Typographia da Luz, 1873.

Bibliografia

ABBOTT, Andrew. *The system of professions.* An essay on the division of expert labor. Chicago and London: The University of Chicago Press, 1988.

BERCHERIE, Paul. *Os fundamentos da clínica*: história e estrutura do saber psiquiátrico. Rio de Janeiro: Jorge Zahar Editor, 1989.

BOURDIEU, Pierre. *Os usos sociais da ciência*. Por uma sociologia clínica do campo científico. São Paulo: Ed. UNESP, 2004.

CARVALHO, José Murilo de. *A construção da ordem*: a elite política imperial; *Teatro das sombras*: a política imperial. Rio de Janeiro: Civilização Brasileira, 2003.

DAECTO, Marisa Midori. *O império dos livros*. Instituições e práticas de leitura na São Paulo Oitocentista. São Paulo: Editora da Universidade de São Paulo: Fapesp, 2011.

EDLER, Flavio Coelho. *As reformas do ensino médico e a profissionalização da medicina na Corte do Rio de Janeiro (1854-1884)*. Dissertação (Mestrado em história) – USP, São Paulo, 1992.

EL FAR, Alessandra. *Páginas de sensação*. Literatura popular e pornográfica no Rio de Janeiro (1870-1924). São Paulo: Companhia das Letras, 2004.

EL-KAREH, Almir Chaiban. O Rio de Janeiro e as primeiras linhas transatlânticas de paquetes a vapor: 1850-1860. *História econômica e história de empresas*, vol. 2, 33-56, 2003.

ENGEL, Magali Gouveia. *Os delírios da razão*: médicos, loucos e hospícios (Rio de Janeiro, 1830-1930). Rio de Janeiro: Editora Fiocruz, 2001.

FERREIRA, Luiz Otávio; FONSECA, Maria Rachel Fróes da; EDLER, Flávio Coelho. A Faculdade de Medicina do Rio de Janeiro no século XIX: organização institucional e os modelos de ensino. In: DANTES, Maria Amélia M. (org.). *Espaço da ciência no Brasil (1800-1930)*. Rio de Janeiro: Ed. Fiocruz, 2001.

FERREIRA, Tânia Bessone Tavares da Cruz. O que liam os cariocas no século XIX? In: *XXVIII Congresso Brasileiro de Ciências da Comunicação*, 2005. Disponível em: <http://galaxy.intercom.

org.br:8180/dspace/bitstream/1904/17536/1/R2053-1.pdf>. Acesso em 02/06/2011.

_____. *Palácios de destinos cruzados*: bibliotecas, homens e livros no Rio de Janeiro (1870-1920). Rio de Janeiro: Arquivo Nacional, 1997.

GONÇALVES, Monique de Siqueira. *Mente sã, corpo são*: disputas, debates e discursos médicos na busca pela cura das "nevroses" e da loucura na Corte Imperial (1850-1880). 2011. Tese (Doutorado em História das Ciências e da Saúde) – Fundação Oswaldo Cruz. Casa de Oswaldo Cruz, Rio de Janeiro, 2011. Disponível em: <http://www.fiocruz.br/ppghcs/media/tese_monique_siqueira.pdf>. Acesso em: 03/04/2011.

GONÇALVES, Monique de Siqueira; EDLER, Flavio Coelho. Os caminhos da loucura na Corte Imperial: um embate historiográfico acerca do funcionamento do Hospício Pedro II de 1850 a 1889. *Revista Latinoamericana de Psicopatologia Fundamental*, vol. 12, n° 2, p. 393-410, junho 2009.

HALLEWELL, Laurence. O livro no Brasil. Sua história. São Paulo: Edusp, 2005.

MACHADO, Roberto *et al*. *Danação da norma*: medicina social e constituição da psiquiatria no Brasil. Rio de Janeiro: Edições Graal, 1978.

ODA, Ana Maria G. R.; DALGALARRONDO, Paulo. História das primeiras instituições para alienados no Brasil. *História, Ciências, Saúde – Manguinhos*, vol, 12, n° 3. p. 983-1010, set./dez. 2005.

PESTRE, Dominique. Por uma nova história social e cultural das ciências: novas definições, novos objetos, novas abordagens. *Cadernos IG-UNICAMP*, vol. 6, n° 1, p. 3-56, 1996.

PICKERING, Andrew. From Science as Knowledge to Science as Practice. *Science as practice and culture.* Chicago: University Chicago Press, 1992.

ROUSE, Joseph. What are Cultural Studies of Scientific Knowledge? In: *Configurations*, vol.1, p. 57-94, 1992.

TEIXEIRA, Manoel Olavo Loureiro. *Deus e a ciência na terra do sol*: o hospício de Pedro II e a constituição da medicina mental no Brasil. 1998. Tese (Doutorado em Psiquiatria). IPUB/UFRJ, Rio de Janeiro, 1998.

WEISZ, George. The emergence of medical specialization in the nineteenth century. *Bull. Hist. Med*, vol. 77, p. 536-575, 2003.

Parte II

Imprensa e poder no Império do Brasil

O *Espelho Diamantino* e os exemplos de virtude feminina no Rio de Janeiro do Primeiro Reinado (1827-1828)

Fernando Santos Berçot[1]

Um tipo curioso era aquele Ginja.[2] O narrador o surpreendeu num banco do Passeio Público, num momento qualquer do dia. O velho tinha em mãos um exemplar do periódico *O Espelho Diamantino* e bradava furioso contra as modernidades perigosas daquele tempo: "Tudo está perdido! Tudo está perdido!", gritava o ancião, que encarnava o arquétipo do velho jarreta, metido em suas roupas ridiculamente ultrapassadas, mas que estavam na moda no tempo dos vice-reis. Não podendo conter o próprio desespero ao examinar o jornal, levantou-se depressa do banco, esquecendo-se da própria bolsa. Apanhou-a o narrador, que encontrava nessa ocasião fortuita o ensejo para entabular conversa com um personagem que

---

1   Mestre em História Social pela Universidade Federal do Rio de Janeiro. Bacharel e Licenciado em História pela mesma instituição. O presente trabalho foi realizado com apoio do CNPq, Conselho Nacional de Desenvolvimento Científico e Tecnológico – Brasil. Registramos aqui um agradecimento especial à Profª. Drª. Maria Aparecida Rezende Mota, por suas inestimáveis contribuições.

2   O termo "ginja" denota um "homem velho, que segue as máximas e usos antigos" (BLUTEAU; SILVA, 1789, vol. 1, p. 660). O mesmo termo identifica ainda, em outra acepção, um fruto semelhante à cereja, utilizado na produção de um licor.

lhe parecia tão peculiar; o que não tardou a fazer, com a desculpa de devolver-lhe o pertence esquecido. O velho falava com saudosismo da época do Conde de Resende,[3] quando, em sua opinião, o Rio de Janeiro era ainda uma cidade aprazível e pacata, muito diferente da urbe pervertida daqueles meados de 1827. Isso porque, segundo ele, nos bons tempos do conde a vigência da moral estava assegurada pelas rótulas nas janelas. Não havia balcões nem pianos, imprensa ou modistas, ou quaisquer dos elementos maléficos que agora ameaçavam o recato dos mais jovens, sobretudo o das moças. Com efeito, era para estas que o velho reservava uma atenção especial, não tardando a revelar ao seu interlocutor toda a extensão do seu desprezo pelo sexo feminino. No dizer do Ginja, nada havia de mais pernicioso do que as modernidades no trato com as mulheres, que agora ousavam passear de braços dados com os homens pelas ruas da cidade, em vez de se conservarem no silêncio do lar, ocupadas em seus afazeres e subtraídas aos olhares alheios. Ainda pior era o pretender educá-las, como propunha o redator de *O Espelho Diamantino*, cujas ideias despertaram no velho toda a sua ojeriza. O narrador, mais jovem e simpático aos costumes de seu tempo, tentou retrucar como pôde as opiniões do ancião, que, contudo, mantinha-se obstinado em seus princípios. Subitamente, porém, um criado preto aproximou-se do Ginja e sussurrou-lhe no ouvido algumas palavras que o deixaram mais assustado do que antes, e o velho desapareceu proferindo novos impropérios.

Diante dessa série bizarra de acontecimentos, o narrador ficou intrigado, e foi ter com um amigo seu, clubista de uma das associações da cidade, que costumava estar inteirado dos detalhes da vida na Corte. Descreveu as feições e a aparência do velho com

_____

3   O lisboeta José Luís de Castro, 2º Conde de Resende (1744-1819), ocupou o cargo de vice-rei do Brasil entre 1790 e 1801.

O Oitocentos entre livros... 93

quem havia conversado, e o outro, reconhecendo-o de imediato, dispôs-se a contar toda a história daquele singular personagem, que conhecia havia já alguns anos. O tal Ginja, segundo o clubista, acumulava os piores defeitos. Era um rico avarento, invejoso e depravado, mas sobressaía-lhe sua atitude tirânica para com as mulheres. Casado outrora com uma dama de respeito, impusera-lhe uma vida tão carregada de privações e desprovida de afetos que a moça não encontrara remédio senão fugir com outro, abandonando o Ginja às suas próprias loucuras; e, na opinião do rapaz, a insensatez do marido desculpava por si só o adultério da mulher. Perdida a esposa, restavam ao velho suas duas filhas, as quais, para que não seguissem o exemplo da mãe, eram conservadas sob a mais estrita vigilância. Forçadas a um regime de absoluta reclusão, estava-lhes vedado andar pelas ruas e ter qualquer tipo de contato com o sexo oposto. O quarto das duas jovens não tinha sequer uma janela com vista para fora, e as meninas só estavam autorizadas a receber, vez por outra, a visita de uma tia, madrinha de uma delas. A tia não podia estar de acordo com a situação das donzelas, mas o caráter do velho pai não lhe dava brechas para quaisquer contestações.

O clubista prosseguiu a narração, explicando em seguida como a situação das meninas, que tanto comovia a madrinha, despertou a atenção de um sobrinho, rapaz solteiro e sagaz. O jovem começou então a planejar uma forma de libertar as moças do cativeiro. Traçando um estratagema dos mais intricados, que contava com a conivência da tia e de dois amigos, conseguiu realizar seu intento, casando-se de imediato com a mais velha e entregando a mais nova a um amigo, que logo se enamorou dela. A notícia de tão singular acontecimento teria chegado ao Ginja no momento em que ele conversava com o narrador. Este, por sua vez, impressionado com a história que o amigo acabava de contar, perguntou-lhe como podia estar a par de eventos tão recentes. O outro, porém, recusou-se a responder à indagação, guardando para si o segredo.

O conto *O Ginja* não trazia o nome de seu autor quando foi publicado, em sua primeira versão, no periódico *O Espelho Diamantino*, entre novembro e dezembro de 1827 (*O Espelho Diamantino*. 01/11/1827, p. 55-58).[4] É possível que fosse da lavra do próprio redator do jornal, que assinava com o pseudônimo Julio Floro das Palmeiras e se apresentava como único responsável pela publicação, a primeira de seu gênero voltada, especificamente, para o público feminino do Rio de Janeiro. O triunfo da mocidade moderna sobre o velho tirânico e suas opiniões arcaicas sintetizava, de certo modo, o conjunto das ideias defendidas pelo periódico durante a sua efêmera existência. Opressor das mulheres e avesso aos novos tempos, o Ginja simbolizava um passado que tinha de ser superado.

Para além de seu objetivo peculiar, o *Espelho Diamantino* era bastante diferente das outras folhas de sua época. O jornal saía a público quinzenalmente e vinha impresso em caracteres grandes, sem divisão em colunas. Em contrapartida, o volume da publicação era significativamente maior do que o das demais folhas da época, as quais raramente excediam o limite de quatro páginas. Começou a ser publicado em setembro de 1827, e era impresso na tipografia de Pierre Plancher, uma das mais ativas no Rio de Janeiro durante o Primeiro Reinado.[5]

Localizada à Rua do Ouvidor, nº. 95, a casa destacava-se no comércio de livros, sobretudo os de autores franceses, além de

---

4   A conclusão da história aparece na edição de 07/12/1827, p. 89-92.

5   A publicação tinha por subtítulo: "Periodico de politica, litteratura, bellas artes, theatro, e modas. Dedicado as senhoras brasileiras". Cada número avulso de *O Espelho Diamantino* custava 320 réis. Podia-se optar por uma assinatura trimestral, pagando-se 1$600 réis por seis edições do periódico.

O Oitocentos entre livros... 95

imprimir panfletos, calendários e libretos de ópera, funcionando até mesmo como ponto de venda de bilhetes de teatro e de remédios vindos da Europa.[6] No campo das publicações periódicas, o estabelecimento seria responsável ainda por trazer a público outras folhas, como *O Spectador Brasileiro* e o *Jornal do Commercio*, além de jornais impressos em francês: o *L'Indépendant* e seu sucessor, *L'Écho de l'Amérique du Sud*.[7]

Um prospecto impresso e sem data, mas que deve ter vindo a público pouco antes do lançamento da folha, explicitava as linhas gerais da publicação, de acordo com as intenções expressas por seu editor. Este começava por exaltar a importância das mulheres ao longo da história, desde tempos imemoriais até aquela época, destacando as qualidades do sexo feminino e fazendo o elogio das senhoras e donzelas que, como mães, esposas ou filhas, tomavam parte nos assuntos dos homens, servindo-lhes com cuidados e conselhos. E acrescentava, no tom de modéstia afetada que permeava todo o discurso:

> Mas querer celebrar os merecimentos das mulheres seria uma tarefa tão árdua como inútil, e sobre este assunto, mais alta e eloquentemente que qualquer orador, fala todo coração humano: o do menino que tira o primeiro sustento do benfazejo seio da terníssima mãe; o do mancebo

---

6 Veja-se o caso do elixir tônico que o tipógrafo vendia em agosto de 1827. Cf. *L'Écho de l'Amérique du Sud*. 18.8.1827, p. 4.

7 Dos jornais aqui citados, o *Spectador* foi o primeiro a aparecer. Circulou entre junho de 1824 e maio de 1827. Meses após a sua extinção, veio a público o *Jornal do Commercio*, cujo primeiro número data de 1º de outubro de 1827. O *L'Écho*, sucessor do efêmero *L'Indépendant*, era impresso em francês. Surgiu em junho de 1827, deixando de aparecer em março do ano seguinte.

cujo sangue ferve à simples aparição de um ente encantador; o do velho que, nos últimos paroxismos da vida, recebe consolações e socorros de um sexo incansável nos ofícios da caridade.

Tendo as mulheres uma parte tão principal nos nossos interesses e negócios, necessario é que se lhes dê conta destes mesmos negócios, e dos princípios que originam os deveres e os acontecimentos, para que elas fiquem à altura da civilização e dos seus progressos, pois que pretender conservá-las em um estado de preocupação e estupidez, pouco acima dos animais domésticos, é uma empresa tão injusta como prejudicial ao bem da humanidade, e as nações que a tem ensaiado tem caído no maior abrutecimento e relaxação moral. Tais verdades, tão antigas como a raça dos filhos de Eva, não são hoje desconhecidas por nação alguma da Europa, e lá as ciências, artes e novidades estão ao alcance do belo sexo até em obras, aulas e periódicos privativos delas; porém cá precisam, e mais de uma vez, ser ecoadas, logo que costumes caseiros, e que cheiram alguma coisa ao ranço dos mouros, entretido até a época da Independência pelo servilismo colonial, reinam ainda em quase todas as classes da sociedade... (Prospecto. *O Espelho Diamantino*. 09/1827, p. 2).

Elevadas, assim, de uma condição subalterna à dignidade de partícipes dos destinos dos homens e de seus méritos, as mulheres não podiam permanecer na ignorância, na opinião do redator. O novo periódico deveria, então, servir de estímulo para a instrução do sexo feminino na Corte, e tomava como modelos a serem imitados as publicações semelhantes que existiam na Europa havia já algum tempo, e que se encarregavam de apresentar ao "belo sexo" as noções primordiais relativas à política, às artes e às ciências, sem deixar de lado as belas letras e os artigos de moda. No entender do redator, O Espelho Diamantino deveria colaborar para elevar as mulheres da Corte a um patamar de esclarecimento compatível com os exigidos do novo país independente, que pretendia para si um lugar entre as nações civilizadas do Ocidente. Mais do que isso: buscava-se corrigir um problema histórico que afetava a condição da mulher na sociedade brasileira. Como podemos notar, a associação entre o passado colonial (a época do servilismo à metrópole, o tempo do Conde de Resende) e a reclusão das mulheres era apresentada em contrapartida a um presente marcado pela emancipação política e pela necessidade de uma revisão dos costumes, que devia ser operada a partir dos modelos de civilização oferecidos pelos países europeus.

As várias seções do novo periódico mereciam uma curta explicação do redator sobre a utilidade de seus artigos e a forma como cada assunto seria abordado. Assim, o responsável garantia que a política tinha de ser tratada segundo um ponto de vista conciliador, mais compatível com a moderação feminina e imune, portanto, às polêmicas da época e às discussões exaltadas que inflamavam os debates parlamentares do Primeiro Reinado. Ao teatro, por sua vez, atribuía-se a tradicional missão de servir como escola de costumes, a qual interessava em particular ao sexo feminino, "que decide, sem agravo, as questões de bom gosto e *bom tom*", numa época em que a crítica dos espetáculos de ópera e de bailado ganhava cada vez mais espaço na imprensa da Corte (Prospecto. O Espelho Diamantino.

09/1827, p. 3).[8] As belas artes também não podiam ser negligen-
ciadas, quer porque suas obras-primas merecessem divulgação, quer
porque o seu cultivo constituísse um prazer adequado às donzelas,
já que servia para entreter "suavemente as horas que o fervor da
mocidade tornaria perigosas" (ibidem, p. 3).

Os artigos sobre moda mereciam uma atenção especial nas páginas da publicação, por tratar-se de um assunto de interesse exclusivo
do sexo feminino. E o próprio nome do jornal prestava um tributo
à vaidade de suas leitoras, como nos explica o redator: "O espelho
é o confidente mais estimado das Senhoras, e poucas há que com
ele não se entretenham um bom bocado cada dia..." (ibidem, p. 4).
Para as colunas dedicadas às belas-letras, garantia-se que seriam bem
vindas quaisquer contribuições em prosa ou em poesia, sobretudo se
redigidas pelas próprias leitoras, no anonimato ou com sua autoria
declarada. Além dessas seções, havia uma outra dedicada à celebração
das proezas femininas, intitulada "Anais da Virtude" e que só seria
publicada até a sexta edição do periódico. O nome da coluna parece
ter sido tomado de empréstimo a uma publicação francesa muito
difundida à época, uma espécie de coletânea de artigos de história,
geografia e outros temas publicada por Madame de Genlis (1747-
1830), autora ainda viva naquele tempo, e célebre por seus escritos
instrutivos dedicados aos jovens.[9] A seção do jornal tratava de apresentar às leitoras da Corte o exemplo de mulheres que se destacaram

---

8   Sobre os primórdios da crítica teatral na imprensa do Rio de Janeiro, cf.
     Giron, 2004.

9   O primeiro volume da coletânea, por exemplo, trazia artigos sobre
     a geografia da Terra Santa, sobre a história da China e do Japão, além
     de informações sobre a arte na Antiguidade Clássica e outros temas. Cf.
     Genlis, 1781, vol. 1. Para uma análise dos escritos pedagógicos da autora,
     cf. Raaphorst, 1978.

por suas ações heroicas e seus atos de bravura, ou enfrentaram grandes perigos por amor a seus maridos e filhos.

Cumprindo as promessas do prospecto, já na edição de 1º de outubro de 1827, apresenta-se o caso de Catharina Herman, esposa de um prisioneiro político holandês que se tornara célebre após salvar a vida do marido nos tempos de Filipe II e da dominação espanhola nos Países Baixos. A jovem ter-se-ia disfarçado de homem para ingressar no exército e descobrir uma maneira de libertar o esposo do cativeiro. Logrando distinguir-se em várias batalhas, a moça travestida teria caído nas graças do comandante espanhol, como explica o desenrolar da história:

> O mesmo general o distinguiu. Em uma ocasião que Catharina Herman, determinada a morrer ou a conseguir o perdão do marido, tinha combatido com uma intrepidez sem igual, o general entusiasmado lhe disse: "Belo Cavaleiro, pedi o que quiserdes, que eu vo-lo concederei". "E se acaso eu fosse mulher?" – respondeu a heroína. "Mil vezes maior seria o merecimento". Ela imediatamente cai aos pés do generoso chefe e, entre suspiros e lágrimas, lhe confessa o sexo e o estratagema; que deixara sua pátria, sua família, se armara como soldado, suportara as fadigas da guerra e afrontara os maiores perigos para resgatar o caro esposo. O perdão do infeliz era a única recompensa que lhe podia ser proveitosa... Comovido pelo extremo de ternura e admirado pela heroicidade, o general se empenhou para o reunir à digna esposa e, depois de os ter enchido de presentes, granjeou-lhes licença para voltar à

> sua pátria. O resto da vida de Catharina Herman foi sossegado e ditoso. Ela, já adiantada na idade, perdeu o querido consorte e, como se pode presumir, não tardou muito em o acompanhar no túmulo (*O Espelho Diamantino*. 01/10/1827, p. 21-22).

Catharina Herman é apresentada como exemplo de valor e heroísmo, mas também de fidelidade conjugal. É o amor ao consorte que lhe infunde a coragem necessária para transcender a aparente fraqueza do seu sexo, transferindo-a para o ambiente masculino da guerra, já que só pode alcançar seu objetivo transformando-se em homem e realizando uma espécie de sacrifício pessoal. O prodígio da jovem holandesa chegou a ser adaptado para o teatro na Europa e exemplos semelhantes de travestimento feminino podiam ser encontrados em outras obras literárias que circulavam em princípios do século XIX. Basta-nos citar *Leonor, ou o amor conjugal*, de Jean-Nicolas Bouilly (1763-1842), peça teatral ambientada nos tempos da Revolução Francesa, a qual apresenta uma jovem heroína que, como Catharina Herman, disfarça-se de homem para libertar o marido da prisão. O tema havia chamado a atenção de diversos compositores europeus, até mesmo de Ludwig van Beethoven (1770-1827), que dele extraiu sua única ópera, *Fidelio*.[10]

---

10 O comentário de Catherine Clément – que transcrevemos a seguir – sobre a relação entre a biografia de Bouilly e a peça que escreveu, permite notar a semelhança entre o episódio de Catharina Herman e o libreto da ópera de Beethoven: "Em 1793, durante o Terror, Madame de Semblançay disfarçou-se de homem para entrar no cárcere da cidade de Tours onde seu esposo, o conde René, estava preso. O *accusateur public*, enviado oficial da Revolução, era então Jean-Nicolas Bouilly, escritor, franco-maçom e revolucionário. O Conde René de Semblançay havia sido jogado à cadeia por outro líder revolucionário que queria apoderar-se de suas propriedades,

A edição seguinte, datada de 15 de outubro de 1827, trazia nos "Anais da Virtude" o exemplo do heroísmo fraterno de Madame Elisabete de França (1764-1794), irmã de Luís XVI. Conservando-se sempre fiel ao monarca, e recusando-se a abandoná-lo durante o furor revolucionário, a moça acabara presa na Torre do Templo e condenada à morte na guilhotina, destacando-se em seu suplício como modelo de "resignação, como na Corte o tinha sido de beneficência e do exercício de todas as virtudes" (*O Espelho Diamantino*. 15/10/1827, p. 40). Não sabemos qual foi a fonte imediata da qual o redator extraiu seu relato, mas a imagem da jovem caridosa na adversidade devia muito aos testemunhos escritos por seus companheiros de cárcere, como a Duquesa de Angoulême (1778-1851), sua sobrinha, cujas memórias foram publicadas após o fim da Era Napoleônica, sendo logo traduzidas para outros idiomas (ANGOULÊME, 1817). A importação de livros franceses para o Brasil deve ter tornado essas memórias mais acessíveis ao redator, sobretudo se considerarmos que o periódico era impresso na casa de Plancher, especializada no comércio de publicações estrangeiras. Além disso, não devemos deixar de notar que o exemplo de Madame Elisabete podia revelar-se bem adequado naqueles tempos de Restauração, por apresentar um tipo de postura moral e política que o redator do *Espelho* parecia antever em seu prospecto:

> A mulher, mais dócil às inspirações da natureza, mais semelhante a si mesma nas

---

uma situação bastante comum naqueles tempos. Felizmente, Bouilly descobriu a verdade e libertou seu amigo Semblançay. Cinco anos mais tarde, após o fim do Terror, Bouilly escreveu a peça *Léonore, ou l'Amour conjugal,* na qual ele inclui a si mesmo no modesto papel de Don Fernando, o benévolo governador. Em 1805, essa peça tornou-se a fonte para o *Fidelio* de Beethoven" (CLÉMENT, 2000, p. 27, tradução nossa). O libreto de *Fidelio*, em alemão, foi preparado pelo austríaco Joseph Sonnleithner (1766-1835).

circunstâncias extremosas de que o homem; menos feroz do que o republicano,
menos vil do que o escravo dos tiranos,
aparece em todas as revoluções como
um anjo tutelar, sempre pronta a inter-
vir, sempre pronta a moderar o fogo da
vingança com o bálsamo da generosidade (Prospecto. *O Espelho Diamantino.*
09/1827, p. 3.)

Duas outras histórias publicadas nas edições seguintes dos "Anais
da Virtude" desenvolviam-se em torno de temas relacionados ao
Oriente Médio e ao convívio conturbado entre turcos e europeus.
No número de 1º de novembro, apresentava-se a figura de uma
veneziana, Catharina Henrici, filha do governador de Negroponte.
Feita prisioneira durante o cerco à ilha pelas tropas otomanas (1470),
a jovem teria despertado o amor do sultão Maomé II, impressionado
com sua beleza. Ela, porém, ter-se-ia mantido firme diante das investidas do inimigo, preferindo morrer a desposar o soberano infiel,
adversário de sua pátria e algoz de sua família (*O Espelho Diamantino.*
01/11/1827, p. 61). Em que pesem as origens obscuras de tal personagem, e um provável equívoco do redator no que se refere ao seu
nome, o fato é que o conflito entre Oriente e Ocidente, e o próprio Cerco de Negroponte, eram temas em voga na Europa daquela
época. A história de certa Anna Erizzo, que coincide em detalhes
com a Catharina apresentada no *Espelho*, havia servido de substrato para várias narrativas e peças teatrais publicadas desde o século
XVIII. Gioachino Rossini (1792-1868), por exemplo, havia composto
sobre esse tema a ópera *Maometto II* (1820),[11] que não chegaria a

---

11 Para uma análise detalhada da ópera de Rossini e das fontes de seu enredo,
cf. Osborne, 2007, p. 286 *et seq.*

estrear no Rio de Janeiro durante o Primeiro Reinado, embora a música de Rossini constituísse àquela altura o grosso do repertório operístico encenado no Imperial Theatro São Pedro de Alcântara. Outra pequena narrativa oriental, desta vez ambientada num passado mais recente, apareceria nos "Anais da Virtude" da edição de 15 de novembro. Tratava-se do suicídio das mulheres de Suli durante a Guerra Suliota de 1803. O episódio narrado nas páginas do *Espelho* teria ocorrido após a vitória do comandante otomano Ali Paxá de Tepelene (c.1744-1822) sobre os habitantes da cidade grega:

> ...ficavam cem mulheres com grande número de crianças, as quais, no princípio do ataque, se achavam separadas dos maridos e resto da comitiva, e tinham por medo trepado até o cume de um rochedo, presenciando de lá a horrenda sorte e infâmia do suplício das companheiras; brevemente esta sorte lhes tocará!... porém uma espontânea resolução as resgata!... elas, pegando-se pelas mãos, fazem um círculo no centro do qual encerram as crianças, e, no mesmo cume de pedra, principiam uma dança cujas passadas inspirava o heroísmo, e cujo compasso a morte acelerava... Cantigas patrióticas se harmonizavam com a misteriosa dança, os Coros retumbavam aos ouvidos dos ferozes turcos... Sem dúvida, o Céu as ouvia... ao finalizar o último coro, as cem mulheres levantam um terrível grito, cujo acento agudo e prolongado vai expirar no fundo dos abismos, aonde elas juntamente com as crianças se tinham precipitado (*O Espelho Diamantino*. 15/11/1827, p. 79-80)

Desta vez, a fonte mobilizada pelo redator não podia ser mais recente. O episódio havia sido extraído e traduzido das *Mémoires sur la Grèce et l'Albanie, pendant le gouvernement d'Ali-Pacha*, publicadas por Ibrahim Manzour, em Paris, naquele mesmo ano de 1827 (MANZOUR, 1827, p. 48-49). Mais uma vez, era o conflito entre mundos opostos que servia de pano de fundo para o relato, e nós podemos indagar a respeito das razões desse interesse especial por assuntos relacionados ao Oriente Próximo no Rio de Janeiro do Primeiro Reinado. Cabe lembrar que, àquela altura, estava em curso a Guerra de Independência Grega contra o domínio otomano, e o conflito no Mediterrâneo Oriental era acompanhado de perto pelos países europeus, alcançando grande repercussão na imprensa, tanto no Brasil como no Velho Mundo.[12] Os jornais do Rio de Janeiro eram assíduos em trazer as notícias do *front* de batalha. *O Espelho Diamantino* manifestava-se adepto da causa grega desde os seus primeiros números, cobrindo de insultos "estes infames turcos, que emprisionam o belo sexo" (*O Espelho Diamantino*. 15/11/1827, p. 75). Já no seu prospecto o redator culpava os mouros, e sua influência nefasta na colonização portuguesa, pelos males advindos do enclausuramento das mulheres, o qual teria marcado de forma negativa a sociedade brasileira até então. Em outra ocasião, ao comentar os ataques da França a Argel, em curso naquele ano, o responsável pela folha chamava os piratas argelinos de "tigres", perguntando às suas leitoras se

---

12 A Guerra de Independência Grega (1821-1832) estendeu-se por mais de uma década, e a causa dos gregos conquistou o apoio de muitos intelectuais e artistas no ocidente, gerando o movimento filelenista. A publicação de *O Espelho Diamantino* coincidiu com o ápice do conflito. Em outubro de 1827 travava-se a decisiva Batalha de Navarino, e as forças inglesas, francesas e russas formavam uma coalizão contra as tropas otomanas comandadas por Ibrahim Paxá (1789-1848).

"acaso teria chegado a hora de lançar fora da Europa os estúpidos sectários de Mafoma" (O Espelho Diamantino. 15/10/1827, p. 48).

Também no teatro da Corte eram muitas as obras que abordavam o tema, destacando-se entre elas a ópera L'italiana in Algeri,[13] de Rossini. A composição, um exemplar do gênero cômico, fora escrita em 1813 sobre um libreto de Angelo Anelli,[14] o qual narra a história das aventuras de uma mulher italiana em terras otomanas. Isabella planeja resgatar Lindoro, seu jovem amante, prisioneiro na corte de Mustafá, Dei de Argel.[15] Para tanto, a moça põe em prática o plano que arquitetara para seduzir e ludibriar o Dei, que desejava a jovem para o seu serralho. Por fim, o soberano, iludido e ridicularizado, não consegue evitar a fuga do casal e de seus cúmplices, que embarcam de volta para a Europa. Trata-se, pois, de uma ópera de resgate, um gênero bastante comum naquela época. Com efeito, a composição de Rossini não seria a única ópera de temática levantina exibida ao público da Corte durante o Primeiro Reinado. A moda dos temas orientais e da música alla turca, tão em voga na Europa daquele tempo, também far-se-ia presente, no Rio de Janeiro, em obras como Il califo e la schiava, de Francesco Basili (1797-1850), assim como em outras composições de Rossini que tocam em temas semelhantes.

---

13 L'Italiana in Algeri havia estreado no Rio de Janeiro antes mesmo da Independência, provavelmente em agosto de 1822.

14 O libretto que Anelli (1761-1820) havia apresentado a Rossini era a reelaboração de um argumento, também de sua autoria, já musicado por Luigi Mosca (1775-1824) alguns anos antes.

15 O título de Dei era atribuído aos governantes de Argel e Trípoli, no norte da África, na época em que a região estava sob o domínio do Império Otomano.

Tal é o caso de *Tancredi*, cuja história de amor tem por pano de fundo as batalhas entre cristãos e sarracenos no tempo das Cruzadas.[16]

As parcelas letradas da Corte, que se mantinham informadas sobre as notícias acerca da distante guerra entre Ocidente e Oriente, também podiam ler as narrativas publicadas nos livros e na imprensa, e ir ao teatro para ver o serralho de um califa ou para rir das asneiras de um comandante otomano ridicularizado por uma mulher europeia. Não obstante, a demonização, ou o achincalhe dos turcos, de sua fé e seus costumes, não escondia certo fascínio do público pelos cenários orientais; pelas tramas de harém, com escravas e eunucos, que o orientalismo europeu encarregava-se de transmitir à América[17]. Para além disso, o fato é que uma ópera como *L'italiana in Algeri*, cujo enredo contrapunha muçulmanos e europeus num cenário oriental, apresentava também um modelo de virtude feminina que, não fosse ficcional e sem qualquer base histórica, poderia ter sido aproveitado nas páginas de *O Espelho Diamantino*. Em outras palavras, o mouro é apresentado como o inimigo histórico das mulheres e da civilização.

A edição de 1° de novembro de 1827 trazia a carta de um leitor que expressava sua opinião sobre os diversos artigos publicados no periódico, e não deixava de mencionar os "Anais da Virtude", que

---

16 Para uma lista das óperas apresentadas no Rio de Janeiro durante o Período Joanino e o Primeiro Reinado, até 1827, ver KÜHL (2003).

17 Um correspondente de *O Espelho Diamantino*, escrevendo uma carta em francês ao redator da publicação, comenta em abril de 1828 a representação de um bailado que tinha por título *O sultão generoso*, e mesclava suas opiniões com alusões à guerra no Mediterrâneo Oriental: "Esse título de *Sultão generoso* havia exaltado minha imaginação. Acreditava que talvez o autor tivesse desejado colocar diante de nossos olhos o grande drama político que ocupa toda a Europa, e eu esperava ver um grande *ballet arquirromântico*…" (*O Espelho Diamantino*. 28/04/1828, p. 303, tradução nossa, grifos do autor).

admirava. Contudo, segundo suas palavras, teria preferido que o redator houvesse priorizado os exemplos de castidade, única virtude, ao seu ver, "de restrita obrigação, na sociedade, para as mulheres" (*O Espelho Diamantino*. 01/11/1827, p. 70). E citava o exemplo bíblico de Susana[18] como ilustrativo do ideal de virtude ao qual se referia. A resposta do redator não tardou, tendo sido publicada no número seguinte:

> Teríeis desejado que no artigo "Anais da Virtude" eu apresentasse com preferência exemplos de castidade. Ah! caro correspondente, e tendes suficientemente pensado em que a castidade é virtude inerente às senhoras como a infalibilidade ao Papa; é um destes mistérios de fé que se admitem piamente, sem ulterior indagação? Todas são castas, à exceção daquelas às quais, por controvérsia forense, se tem provado o contrário; e pretender dar-lhes exemplos ou preceitos de castidade parecer-lhes-ia insultante e irrisória sátira (*O Espelho Diamantino*. 15/11/1827, p. 74).

Não eram os exemplos de fé e de santidade que preenchiam as páginas de *O Espelho Diamantino*. Não obstante, as breves histórias transcritas nos "Anais da Virtude" inscreviam-se numa tradição havia muito difundida, cujas bases mais profundas remontam às narrativas bíblicas das mulheres virtuosas do Antigo Testamento (Judite, Ester, Susana etc.), modelos constantemente retomados ao longo dos séculos. Cabe lembrar que a compilação dos feitos veneráveis

---

18 A história da virtuosa Susana e dos dois velhos que a surpreendem nua (Daniel, 13) é, com efeito, um dos exemplos bíblicos mais ilustrativos do ideal de castidade feminina preconizado pela tradição cristã.

de mulheres valorosas forneceu assunto para várias obras publicadas na Europa Moderna. Tome-se como exemplo o *Theatro heroino, abecedario historico, e catalogo das mulheres illustres em armas, letras, acções heroicas, e artes liberais*, obra que o português Damião de Froes Perym publicou em 1736, dedicando-a à rainha D. Maria Ana de Áustria (1683-1754). O autor preocupava-se em apresentar uma lista de quarenta nomes que tê-lo-iam precedido na tarefa de recolher os feitos de mulheres ilustres de diversas nações e épocas. Sua relação incluía autoridades antigas, como Plutarco e Diógenes Laércio, que figuravam ao lado de clérigos e doutores dos séculos XVI e XVII, cujas publicações consultara para a elaboração de seu longo catálogo (PERYM, 1736, vol. 1).[19] As personagens louvadas na obra de Perym se destacavam por suas ações heroicas e inúmeras competências, mas, em geral, as qualidades das protagonistas apareciam associadas às suas virtudes cristãs e ao zelo religioso, características que conferem aos relatos de seus feitos certa semelhança com as narrativas concernentes às vidas dos santos e dos mártires da Igreja. Se os "Anais da Virtude" publicados em *O Espelho Diamantino* não se assemelham de todo a essas "hagiografias" de mulheres leigas, conservam, porém, muitas das características dos relatos mais antigos de seu gênero, ainda que depurando-os de seu teor religioso. Os exemplos de fé e piedade que, em geral, predominavam ou, ao menos, faziam-se marcantes nas histórias de mulheres virtuosas, encontravam pouco espaço na seção do jornal, que destacava em primeiro plano os modelos de amor patriótico e de fidelidade conjugal.[20] O caso de

---

19 Damião de Froes Perym era o pseudônimo de Frei João de São Pedro, frade jerônimo.

20 Cabe notar aqui que *O Espelho Diamantino*, como outras publicações da época, não escondia suas críticas ao clero, bastante evidentes em algumas edições. O novo redator, que assume o jornal em janeiro de 1828, anunciando-se como Sr. Chevalier, deixa transparecer sua postura em

O Oitocentos entre livros... 109

Catharina Herman é, nesse sentido, paradigmático, demonstrando bem os ideais de virtude mais valorizados pelo redator do jornal. A história da jovem esposa holandesa que salvara o marido da prisão fora uma das escolhidas por Perym para integrar o primeiro volume do seu *Theatro heroino*, mas o autor português fizera questão de atribuir a salvação do esposo à intervenção de um padre jesuíta, que teria intermediado a sua libertação, garantindo o reencontro do casal e a conversão do marido protestante à religião católica (PERYM, 1736, vol. 1, p. 239 *et seq.*). A versão da história apresentada em *O Espelho Diamantino,* por sua vez, aparecia completamente desprovida desses elementos doutrinários. Pelo contrário, a historieta era narrada de um ponto de vista claramente favorável aos holandeses, ao descrever um povo oprimido pelo jugo tirânico espanhol e pelo Tribunal da Inquisição, conservando, embora, seu caráter primordial de narrativa de fundo moral com pretensões edificantes.

Era, sobretudo, da história moderna e recente que o redator do *Espelho* pretendia extrair as personagens a serem retratadas nesses breves relatos. Eles deveriam iluminar o presente, oferecendo exemplos que as leitoras da folha fossem capazes de compreender. Talvez seja útil assinalar que a função pedagógica (*magistra vitae*) da história revelava-se claramente nas intenções expressas pelo redator. Concebida como teatro das ações humanas, de suas façanhas e desgraças, essa história forneceria exemplos de uma virtude humana libertada das amarras da providência divina. Com efeito, esses modelos de valor e coragem pareciam afastar-se um pouco da tradição do moralismo cristão e, nessa perspectiva, mesmo o suicídio coletivo

---

relação ao clero em várias ocasiões: nas críticas aos jesuítas, nas anedotas sobre os padres e seus costumes ou na condenação do Santo Ofício. A título de exemplo, citamos os artigos: "Chronica e anecdotas. O padre e o ladrão". *O Espelho Diamantino.* 18/02/1828, p. 195; "Memorias historicas. Hum aucto-da-fé". *Ibidem.,* 17/03/1828, p. 245.

das mulheres de Suli, ato de radical desespero, podia ser incluído no rol dos fatos prodigiosos e louváveis.

Notamos que as transformações decorrentes da transferência da comitiva de D. João e, sobretudo, da emancipação política, eram percebidas como fraturas históricas, cuja importância excedia em muito o plano político, estendendo-se inclusive à esfera dos costumes. As mudanças representavam a superação do "servilismo colonial" e, consequentemente, de uma ordem moral injusta, até então cristalizada, que não correspondia, em absoluto, aos ideais almejados pelos entusiastas dos novos tempos. Longe de advogar em favor de uma igualdade de direitos entre os sexos – demanda certamente inconcebível, naquela década de 1820 – o redator de *O Espelho Diamantino* propugnava o fim da tirania contra o sexo feminino, condenando no Ginja e em seus semelhantes os velhos hábitos que, extintos, dariam lugar a uma autonomia, mesmo que relativa, dessas moças, esposas e filhas, cujas instrução e recreação haviam se transformado em negócio lucrativo na Corte; dessas mulheres letradas e de boa condição, que tinham se acostumado a ir ao teatro e a passear de braços dados com um cavalheiro; que se vestiam com elegância e consumiam com prazer os artigos de luxo importados de Paris ou de Londres; que conheciam a língua francesa e a empregavam, não raramente, em conversas galantes que pareciam reduzir um pouco as distâncias entre os sexos. Multiplicavam-se os espaços de convivência,[21] que tinham no teatro e nos arredores do Rossio o seu centro nevrálgico, expandindo-se para as travessas e praças vizinhas, e para a movimentada Rua do Ouvidor, onde se destacavam as vitrines das modistas,

---

21 Ao abordar o desenvolvimento do Largo do Rossio, atual Praça Tiradentes, Evelyn Furquim Werneck Lima ressalta a importância do surgimento dos cafés, ainda no Primeiro Reinado, como ambientes de encontro e discussão política, caros aos setores letrados da Corte. Ver: Lima (2000, p. 41 *et seq*).

as tendas de boticários e as livrarias, entre as quais se encontrava o estabelecimento de Pierre Plancher, que imprimia *O Espelho Diamantino* e seus outros jornais, e lucrava com a venda de uns tantos livros importados para a distração das moças educadas da Corte.

O teatro, como já assinalamos, também apresentava inúmeros exemplos de virtude feminina que pouco ou nada se assemelhavam aos estereótipos de submissão e obediência. Em geral, as heroínas das óperas de Rossini, que tanto sucesso faziam na Corte, contam entre suas qualidades a coragem e a esperteza, unidas a uma rebeldia contra toda forma de subserviência em relação ao sexo masculino. Geniosas e cheias de amor-próprio, essas protagonistas se inscrevem numa tradição havia muito enraizada no teatro italiano e, certamente, remontam a modelos da *commedia dell'arte*. A imagem da mulher caprichosa, que não se curva diante da vontade dos homens nem admite ser dominada, fornecia um exemplo de postura moral que, longe de ser condenável ou indesejado, parecia adequado aos novos tempos e não deixava de ser explorado nas páginas de *O Espelho Diamantino*. A edição de 17 de março de 1828, por exemplo, trazia a seguinte anedota:

> Aconteceu ultimamente no Meio-Dia[22] da França um fato assaz curioso. Um oficial da guarnição de Toulon conduzia ante o oficial civil sua desposada muito bem ornada e ricamente dotada. Ao subir a escada, ela pôs o pé sobre seu vestido e o rasgou. O desposado, julgando ainda falar a um soldado de sua companhia, apostrofou-a dizendo: *Irra! é preciso que sejais muito besta*. A senhora, confusa, não lhe

---

22 Referência ao sul da França, tradicionalmente chamado de Midi, região onde se localiza a cidade de Toulon.

> respondeu nada; porém, logo que o oficial público fez as perguntas do costume, ela respondeu por um não mui bem pronunciado; não querendo, assegurou ela, que o senhor tomasse uma besta para consorte. Todos os assistentes aplaudiram a prudente determinação daquela jovem (*O Espelho Diamantino*. 17/03/1828, p. 254, grifos do autor).

A atitude da moça humilhada castigava, assim, os modos grosseiros do noivo, numa época em que o gosto pelos casos curiosos e pelas anedotas de fundo moral parecia ganhar espaço entre os leitores da Corte. A crônica de costumes publicada nos jornais era outra das novidades inspiradas nos exemplos da imprensa europeia, e *O Espelho Diamantino* foi um dos pioneiros nesse campo que surgiu na Corte na mesma época em que os artigos de crítica teatral começaram a ser publicados.[23] Diletante por natureza, o cronista de costumes ocupava-se de entreter seus leitores com os detalhes da vida na cidade, descrevendo em pormenores os personagens pitorescos que enchiam as ruas e as praças, visitavam as lojas e conversavam entre si sobre os temas do momento. Arguto observador, esse analista impregnava de humor e ironia os episódios do teatro urbano. Sua postura era semelhante à do crítico de espetáculos, mas a utilidade de seus comentários não parecia estar em questão. Não se perdia em preceptivas morais, nem apresentava de forma direta e objetiva suas opiniões sobre o que via e ouvia, mas colocava suas observações

---

23 A inserção de artigos sobre costumes nas páginas de *O Espelho Diamantino* não passou despercebida por Robert Moses Pechman em sua tese sobre a literatura e o cenário urbano na capital do Império. Ver: Pechman (2002, p. 171 *et seq*). Flora Süssekind também já se havia ocupado do tema. Ver: Süssekind (1990, p. 222 *et seq*).

na boca de outrem. Esse tipo de descrição podia ter um interesse especial para as mulheres, menos familiarizadas com o burburinho das ruas e com as conversas dos homens, substrato principal desses ensaios curtos, exemplos de um gênero literário que, tal como as pequenas narrativas e as anedotas, começava a vicejar na Corte antes do aparecimento do romance-folhetim.[24]

Uma dessas crônicas, publicada em fevereiro de 1828, descrevia em seus detalhes mais jocosos as conversas entre alguns homens à porta de uma botica numa das ruas movimentadas da capital. Os personagens davam crédito a todas as histórias fantasiosas que circulavam pela cidade e diziam asneiras as mais variadas sobre política e finanças, não deixando de mencionar as maiores preocupações da época: a Guerra da Cisplatina e o conflito na Grécia. Falava-se do sultão otomano e de suas supostas ambições na Europa, e chegava--se a tomar por certo um ataque dos russos às minas de Potosí. As troças do ensaísta em seu diálogo imaginário cessavam, porém, ao aparecimento de uma dama:

> Aqui avistei a uma janela defronte da botica uma moça encantadora, que, com o olhar tão voluptuoso de toda brasileira, unia a elegância e a *desenvoltura* que dão as modas modernas; e logo o lenço que ela tinha na mão, as posições do corpo, as olhadas de fogo que ela dava para um dos atores da cena que eu estou relatando indicaram-me que, apesar de não estar em pessoa no meio dos interlocutores,

---

24 No prólogo de sua obra sobre a história do folhetim, Marlyse Meyer não deixa de se referir aos artigos sobre literatura publicados em *O Espelho Diamantino*, sobretudo a resenha de *Saint-Clair das ilhas* que apareceu no segundo número do periódico. Ver: Meyer (1996, p. 21 *et seq*).

> ela sempre estava interessada no que ali se
> passava e, com efeito, o moço, deixando de
> escutar os comentários dos *botico-novida-*
> *distas*, deu toda a sua atenção a uma nova
> conversação, muda, mas expressiva... (*O*
> *Espelho Diamantino*. 04/02/1828, p. 167,
> grifos do autor).

A mulher contemplava a cena com atenção, e participava apenas com o olhar. Discreta e elegante, fazia da volúpia uma virtude e apresentava as qualidades de uma dama moderna, nos padrões defendidos pelo redator. A jovem, porém, não participava da conversa dos homens, mantendo-se à parte. Talvez a imagem fugaz dessa personagem anônima traduza, melhor do que qualquer outra, certo perfil de leitora implícito nas páginas de *O Espelho Diamantino*. Em que pese o discurso a favor das mulheres e de seu papel numa sociedade em transformação, o fato é que o jornal praticamente não chegou a dar voz ao seu público-alvo. O prospecto de lançamento convidava as leitoras a enviar suas contribuições, mas as cartas publicadas ao longo das edições, quando assinadas, eram subscritas por nomes masculinos. Nenhuma mulher reivindicava a autoria dos comentários literários, dos poemas e historietas, nem dos artigos sobre temas diversos que eram apresentados ao juízo do "belo sexo".[25] A efemeridade da publicação talvez tenha algo a ver com o descompasso entre os propósitos iniciais e o que se verificou na prática, revelando de certo modo os limites de um projeto ambicioso. Era como se o grau de civilidade feminina que o redator admirava entre

---

25 A exceção, nesse caso, é uma carta anônima publicada na edição de 15 de novembro de 1827, na qual, supostamente, uma dama da Corte conta as novidades da capital a uma parenta do Maranhão. É possível, entretanto, que essa voz feminina, como em outros casos, tenha sido assumida pelo próprio redator. Cf. *O Espelho Diamantino*. 15/11/1827, p. 87-88.

O Oitocentos entre livros... 115

os europeus ainda não pudesse ser alcançado em sua plenitude na Corte de D. Pedro I, não obstante as mudanças verificadas ao longo dos últimos anos e os esforços dos mais entusiastas. Não sabemos de que forma essas leitoras sem voz reagiam aos propósitos de um jornal que se propunha a instruí-las; se concordavam com as opiniões do redator sobre política e moda, ou se encontravam nos "Anais da Virtude" exemplos de valor e sacrifício com os quais pudessem se identificar. Numa época em que as opiniões variavam ao sabor das vicissitudes políticas, muitos eram os jornais em circulação, e os menos exitosos cediam lugar a outros modelos de publicação que buscavam conquistar um número razoável de leitores e assinantes. Na tipografia de Plancher, folhas como o *L'Écho de l'Amérique du Sud* e *O Spectador Brasileiro* deixavam de ser impressas, ao passo que o bem-sucedido *Jornal do Commercio* começava a aparecer em outubro de 1827.[26] *O Espelho Diamantino* desapareceria pouco tempo depois, em abril de 1828, deixando vazio o espaço para uma publicação voltada especificamente para o público feminino da capital. Quando, um ano mais tarde, um periódico semelhante, o *Mentor das Brasileiras*, começou a ser publicado na vila de São João del Rei, os pressupostos básicos do *Espelho* foram retomados, e aplicados a um público de leitoras que vivia no interior do Império.[27] A adaptação dos textos do *Espelho* no novo jornal parece ter sido frequente, o

---

26 Sobre a trajetória da tipografia de Plancher e suas publicações, bem como sobre a venda de livros franceses no Rio de Janeiro do Primeiro Reinado. Ver: Morel (2005, p. 23 *et seq*).

27 Esse jornal, lançado em novembro de 1829, constitui o objeto de pesquisa principal de Gisele Ambrósio Gomes em sua dissertação de mestrado. A autora cita ainda alguns dos primeiros jornais europeus voltados para o público femininos, entre os quais se encontram o *Lady's Mercury* (1693), na Inglaterra, o *Journal des Dames et des Modes* (1759), na França e o *Akademie der Grazien* (1774), nos estados alemães. Ver: Gomes (2009, p. 25).

que não chega a surpreender. O próprio Ginja reapareceu naquelas páginas, com as mesmas ideias da época do Conde de Resende, para expressar novamente suas censuras às modernidades mais nocivas:

> Periódicos para mulheres! Onde já se viu isso no mundo? Mulheres também saberem de política, isso é querer mudar a ordem das coisas; mulheres, que devem ser criadas com recato, fechadas, e que nem devem ver a luz do dia, lerem folhas, e saberem das novidades! Nada, nada, não há de ser na minha casa... (*Mentor das Brasileiras*. 28/04/1830, p. 172-173).[28]

Fontes

Impressas

Periódicos

L'Écho de l'Amérique du Sud. Journal politique, commercial et littéraire. Rio de Janeiro, 30 de junho de 1827 – 29 de março de 1828.

O Espelho Diamantino. Periodico de politica, litteratura, bellas artes, theatro e modas. Dedicado as senhoras brasileiras. Rio de Janeiro, 1º de outubro de 1827 – 28 de abril de 1828.

Obras

ANGOULÊME, Marie-Thérèse-Charlotte, duquesa de. *Mémoires particuliers*. Paris: Audot, 1817.

---

28 A mesma passagem foi citada por Wlamir Silva em seu artigo sobre o jornal mineiro. Cf. Silva, 2008, p. 123.

BLUTEAU, Rafael; SILVA, Antonio de Moraes. *Diccionario da lingua portugueza*. Lisboa: Officina de Simão Thaddeo Ferreira, 1789 (2 vol.).

GENLIS, Stéphanie-Félicité *du Crest* de Saint-Aubin, condessa de. *Annales de la vertu, ou Cours d'histoire a l'usage des jeunes personnes.* Paris: M. Lambert; F. J. Baudouin, 1781 (2 vol.).

MANZOUR, Ibrahim. *Mémoires sur la Grèce et l'Albanie, pendant le gouvernement d'Ali-Pacha.* Paris: Paul Ledoux *et. al.*, 1827.

PERYM, Damião de Froes [Frei João de São Pedro]. *Theatro heroino*, abecedario historico, e catalogo das mulheres illustres em armas, letras, acções heroicas, e artes liberaes. Offerecido á Serenissima Senhora D. Marianna de Austria, rainha de Portugal. Lisboa: Officina de Musica de Theotonio Antunes Lima, 1736 (2 vol.).

Bibliografia

CLÉMENT, Catherine. Through voices, history. In: SMART, Mary Ann (org.) *Siren songs*: representations of gender and sexuality in opera. Princeton: Princeton University Press, 2000, p. 17-28.

GIRON, Luís Antônio. *Minoridade crítica*: A ópera e o teatro nos folhetins da Corte: 1826-1861. São Paulo: Editora da Universidade de São Paulo; Rio de Janeiro: Ediouro, 2004.

GOMES, Gisele Ambrósio. *Entre o público e o privado*: a construção do feminino no Brasil do Oitocentos, 1827-1846. Dissertação (Mestrado em História) – Universidade Federal de Juiz de Fora, Juiz de Fora, 2009.

KÜHL, Paulo Mugayar. *Cronologia da Ópera no Brasil – século XIX (Rio de Janeiro)*. Campinas: UNICAMP/Instituto de Artes/CEPAB, 2003.

Disponível em: <http://www.iar.unicamp.br/cepab/opera/cronologia.pdf>. Acesso em: 2 jun. 2013.

LIMA, Evelyn Furquim Werneck. *Arquitetura do espetáculo*: teatros e cinemas na formação da Praça Tiradentes e da Cinelândia. Rio de Janeiro: Editora UFRJ, 2000.

MEYER, Marlyse. *Folhetim*: uma história. São Paulo: Companhia das Letras, 1996.

MOREL, Marco. *As transformações dos espaços públicos:* imprensa, atores políticos e sociabilidade na Cidade Imperial. São Paulo: Hucitec, 2005.

OSBORNE, Richard. *Rossini*: his life and works. Nova York: Oxford University Press, 2007.

PECHMAN, Robert Moses. *Cidades estreitamente vigiadas*: o detetive e o urbanista. Rio de Janeiro: Casa da Palavra, 2002.

RAAPHORST, Madeleine R. Adèle versus Sophie: the well-educated woman of Mme. de Genlis. *The Rice University Studies*, vol. 64, n°. 1, p. 41-50. Houston, jan.-jun. 1978.

SILVA, Wlamir. "Amáveis patrícias": o *Mentor das Brasileiras* e a construção da identidade da mulher liberal na província de Minas Gerais (1829-1832). *Revista Brasileira de História*. São Paulo, vol. 28, n° 55, jun. 2008, p. 107-130. Disponível em: <http://ref.scielo.org/n2hftx>. Acesso em: 2 de jun. 2013.

SÜSSEKIND, Flora. *O Brasil não é longe daqui*: o narrador, a viagem. São Paulo: Companhia das Letras, 1990.

A *Revista Popular* (1859-1862) e a nacionalidade de seus colaboradores[1]

Ligia Cristina Machado[2]

Entre livreiros e impressores: Baptiste Louis Garnier – um francês dedicado às letras brasileiras

No pós-independência brasileiro o número de livrarias aumentou significativamente, sendo que muitas delas tinham alguma relação com matrizes francesas.[3] Segundo Laurence Hallewell esse novo momento político foi atrativo principalmente para os franceses pela boa receptividade brasileira aos elementos culturais da França e também pelo país ter mantido suas bases políticas mesmo com a independência. Esses aspectos fizeram com que vários livreiros e editores entrassem no país ou mandassem representantes para abrirem filiais no novo e crescente mercado (HALLEWEL, 1985, p. 70-126). Para a produção literária nacional, entretanto, o primeiro editor a se notabilizar foi um brasileiro.

---

1 Essa pesquisa contou com o financiamento da FAPESP e foi orientada pela professora Dra. Márcia Abreu.

2 Mestranda em História e Teoria Literária pela Unicamp.

3 É interessante notar nessa relação entre impressões e impressores estrangeiros que, somente na França, durante o século XIX, foram impressas mais de 300 mil exemplares de livros em português. Ver: Cooper-Richet, (2009).

Paula Brito chegou a ser considerado, nas palavras de Machado de Assis, "o primeiro editor digno desse nome" (ASSIS, *apud* SCHAPOCHNICK, 2004, p. 15). Certamente a consideração do escritor pelo editor estava diretamente relacionada ao fato de Paula Brito ser o primeiro editor a realmente encorajar a publicação da literatura brasileira. Com sua história de superações – mestiço e autodidata – ele publicava jovens autores, pagando – e não cobrando – por suas publicações (HALLEWEL, 1985, p. 88).[4] Além dos jovens talentos – como Machado de Assis, que teve seus primeiros trabalhos publicados pela sua Typographia Dous de Dezembro – ele editou nomes já consagrados na época como Teixeira e Souza, Joaquim Manuel de Macedo, Gonçalves de Magalhães e Martins Pena (EL FAR, 2004. p. 37). Fora essa atividade, ainda trouxe ao público um jornal: *Marmota na corte,* lançado em 1849, que depois se tornou *Marmota fluminense,* em 1852 e *A marmota* com números frequentes até 1861 e esparsos até 1864 (SIMIONATO, 2010, p. 103-106). Periódico voltado às mulheres, demonstrava o tino comercial do autor, que percebera o recente público que começava a delinear-se naquela primeira metade do século. Ainda assim, o editor não conseguiu evitar as crises comerciais do final da década de 1850, das quais não conseguiu se reerguer (HALLEWELL, 1985, p. 90).

Neste momento crescia a importância dos irmãos Laemmert. Um deles havia chegado ao Brasil no final dos anos de 1820 e o outro no início dos anos de 1830. Apesar de Eduardo chegar ao país pelas mãos de uma livraria francesa, ele e seu irmão eram naturais de uma região que integraria a Alemanha alguns anos mais tarde. Em 1833, Eduardo abriu a Livraria Universal e, depois, em 1838, já

---

4   Segundo Alessandra El Far, Paula Brito primeiro listava um determinado número de pessoas interessadas em pagar adiantado pela obra, antes de enviá-la ao prelo (EL FAR, 2004, p. 37).

com a companhia do irmão, abriu a Tipografia Universal (DONEGÁ, 2009, p. 33-34). Durante a segunda metade do século XIX, a livraria dos irmãos Laemmert e de B. L. Garnier eram as mais prestigiosas da cidade do Rio de Janeiro (*idem, ibidem*),[5] instaladas na famosa Rua do Ouvidor, ponto do "bom gosto" fluminense (EL-FAR, 2004, p. 34). Eduardo e Henrique Laemmert publicaram durante todo o século XIX. Ficaram famosos por suas *Folhinhas* e depois pelo *Almanak Laemmert* com informações administrativas, mercantis e industriais sobre o Rio de Janeiro (EL-FAR, 2004, p. 40). Além disso, publicaram também alguns periódicos como: o *Correio das modas* (1839-1840) e o *Novo Correio das Modas* (1852-1854). Periódicos também voltados para as mulheres faziam descrições de figurinos para todos os integrantes de uma família burguesa, além de publicarem diversas narrativas ficcionais (DONEGÁ, 2013). Segundo Alessandra El Far, os editores da Tipografia Universal, para não sofrerem concorrência direta da editora de Garnier, enveredaram pelo ramo da publicação de dicionários, gramáticas, tratados e obras de ciências, além do *Almanak* (EL-FAR, 2004, p. 40-41). Porém, Ana Laura Donegá propõe outra interpretação ao sublinhar a existência de publicações da área das Belas-letras feitas pelos Laemmert, tais como: *Os Lusíadas* de Camões, *Marília de Dirceu* de Tomás Antônio Gonzaga, entre outros (DONEGÁ, 2009, p. 14). Além disso, Marisa Lajolo e Regina Zilberman mostraram que Machado de Assis, que mantinha boas relações com os irmãos Laemmert, ajudou o escritor e amigo Magalhães Azeredo a publicar seus livros de poesia com esses editores (LAJOLO & ZILBERMAN, 1998, p. 72-76). Mesmo assim, a enorme importância adquirida por Garnier no mercado é inegável.

---

5   Ver também: El-Far, (2004, p. 33-44).

Baptiste Garnier nasceu em uma família em que todos os irmãos dedicaram-se ao trabalho de livreiro. Pierre Garnier, o mais velho, nasceu em 1807, Auguste, em 1812, pouco depois, em 1815, Hyppolyte – o qual formaria com o anterior os grandes negócios da família Garnier em Paris – e, por fim, Baptiste Louis, em 1823 (MOLLIER, 2010, p. 322-324).

Na França, na década de trinta do século XIX, os irmãos, ao chegarem a Paris, alugaram uma loja para o desenvolvimento de seus negócios na capital.[6] O bom desenvolvimento do empreendimento permitiu que, entre o final da década de 1830 e início dos anos 1840,[7] mandassem Baptiste Garnier para o Brasil a fim de que este dirigisse uma filial da editora Garnier Frères (DUTRA, 2010, p. 70).

Em Paris, com o decorrer das décadas, os dois irmãos – Auguste e Hyppolyte Garnier – tinham se capacitado na edição de obras

---

6   Segundo Mollier, essa possibilidade de instalarem-se na capital não se deu por simples acaso da arte de vender bem. Já nesse início, os irmãos Garnier trilhavam pelos caminhos escusos da edição e venda de livros proibidos. Para aumentarem as vendas desse mercado no qual trabalhavam mandaram o irmão mais novo ao Brasil. Aqui Baptiste servia de receptáculo para a distribuição, na América Latina, desses livros proibidos e editados pelos Garnier Frères. Interessantemente, no mesmo ano, em que a Garnier Frères é descoberta pela polícia francesa como vendedora desses produtos no mercado europeu, Baptiste Garnier desvincula sua livraria da dos irmãos. Essa foi, segundo Mollier, a atitude que os irmãos franceses tomaram para que a polícia não descobrisse outros negócios. De qualquer forma no Brasil, B. L. Garnier nunca foi ligado a esse tipo de atividade. Ver: Mollier (2010).

7   Encontramos divergências quanto à data da chegada de Baptiste Garnier ao Brasil. Ainda hoje, os pesquisadores dão dados variáveis em seus trabalhos. Para Alexandra Santos Pinheiro, que realizou pesquisas em jornais da época, B. L. Garnier chegou ao Brasil em 1837 ou 1838. Por outro lado Eliana Dutra data dos anos 1840 a chegada do editor. Ver: Pinheiro (2004) e Dutra (2010).

O Oitocentos entre livros... 123

em português e espanhol.[8] Talvez essa atividade tenha contribuído para que Baptiste Louis Garnier mandasse obras em português para serem impressas na França. Ainda, segundo Hallewell, B. L. Garnier manteve, em Paris, um especialista em língua portuguesa, para revisão do material que lá chegasse para ser impresso, vindo do Brasil (HALLEWELL, 1985, p. 129).[9]

Esse investimento dava-se porque, além de a França ser o modelo a se seguir, a qualidade da impressão francesa estava muito a frente dos trabalhos feitos pelas tipografias brasileiras. Por essa mesma razão, essas tipografias eram alvos de críticas de grandes escritores, como Machado de Assis – conhecedor tanto da arte de escrever como da arte tipográfica. De maneira irônica, o literato comentou em uma crônica do *Diário do Rio de Janeiro* quais eram os cuidados que os senhores tipógrafos precisariam ter para não transformar as palavras do texto, o que consequentemente mudaria o próprio sentido do escrito (SCHAPOCHNIK, 2004, p. 15-16).

De qualquer forma, cometendo erros ou não, os tipógrafos lançavam suas críticas contra Garnier:

> Desta boa capital envia as obras ao seu grande Paris; lá é ela composta, revista,

---

8   "Os irmãos Garnier não hesitaram em retomar a série dos "Auteurs latin" de Panckoucke em 1854, e seu catálogo compreendia várias obras eruditas, dicionários de todos os formatos e de línguas diversas, com predileção pelo espanhol e o português. Essas duas línguas eram sua especialidade, quase o monopólio da casa editorial que continuava a exportar para a América do Sul uma parte de suas produções sob o nome de sua sucursal 'Garnier y Hermanos'". In: Mollier (2010, p. 337).

9   Machado de Assis, escrevendo para o *Diário do Rio de Janeiro* em junho de 1864, também comenta em seu texto a presença de um revisor de português das obras que Garnier mandava para França. De acordo com Schapochnick essa também era uma propaganda que demonstrava a preocupação do editor para que as obras não apresentassem erros. In: Schapochnick (2004, p. 14).

> encadernada etc., e volta ao Rio de Janeiro;
> aqui é vendida pelo preço que lhe convém
> dar a cada exemplar, e desta forma a mão
> de obra é sempre estrangeira ao passo que
> as nossas oficinas tipográficas definham e
> os tipógrafos brasileiros veem-se a braços
> com todas as necessidades e muitos com-
> positores por aí andam sem achar trabalho
> (*O Tipógrafo*, 05/12/1867 *apud* HALLEWELL,
> 1985, p. 131).

Se, por um lado a tipografia nacional se prejudicava com o caminho produtor do francês, os escritores brasileiros desejavam se
promover com o status que a livraria Garnier poderia lhes oferecer.
Renomado e respeitado, Garnier foi o editor mais procurado entre
os literatos da época, recebendo elogios dos mais prestigiados ro-
mancistas.[10] No livro *Como e porque sou romancista* José de Alencar registra seu apresso pelo editor: "Ao cabo de vinte e dois anos na gleba
da imprensa, achei afinal um editor, o Sr. Garnier, que espontane-
amente ofereceu-me um contrato vantajoso em meados de 1870"
(ALENCAR, 1990, p. 70). A mesma afeição foi registrada por Machado
de Assis. Para ele Garnier oferecia excelentes impressões, sendo que,
em suas palavras: "numa terra em que não há editores é preciso ani-
mar os que se propõem como o Sr. Garnier, a facilitar a publicação
de obras" (MACHADO DE ASSIS *apud* LAJOLO & ZILBERMAN, 1998, p. 80).
Apresentar uma impressão parisiense muitas vezes era mais importante até do que apenas anunciar o conteúdo da obra: comentando sobre a impressão de Garnier do livro *O demônio familiar* de
José de Alencar, Machado exaltava as qualidades do livro impresso
na França, além das qualidades do escritor (SCHAPOCHNIK, 2004, p.

---

10   Garnier era o editor que mais publicava romances da época. Ver: Queiroz
     (2008, p. 203).

14) – a elegância do volume certamente agradaria as casas flumi-nenses. Da mesma maneira o próprio Machado de Assis teve suas obras impressas pela B. L. Garnier, assim como Joaquim Manuel de Macedo, Joaquim Nabuco, Sílvio Romero entre outros. Porém, como Garnier dominava esse ramo de publicações, era muito difícil para os autores fazer negociações.[11] Neste ponto, Garnier angaria-va algumas reclamações também dos escritores. Na voz de autores não tão renomados quanto Machado de Assis e José de Alencar, a apreciação do editor Garnier costumava ser bem menor. Para escri-tores como Coelho Neto e Adolfo Caminha o editor não passava de um aproveitador ganancioso (LAJOLO & ZILBERMAN, 1998, p. 79-81 e PINHEIRO, 2002, p. 24-26). Contudo, isso deveria ocorrer também pela dificuldade que tais escritores encontravam para publicar as suas obras na tão conceituada B. L. Garnier. A seleção de autores feita por Garnier acabava, ao mesmo tempo, criando um restrito grupo de intelectuais (EL-FAR, 2004, p. 38-42).

Porém, essa suposta tirania de que alguns homens de letras acu-savam o editor não se verificou em seus empreendimentos periódi-cos. Tanto o primeiro impresso, a *Revista Popular* publicada de 1859 a 1862, quanto o segundo, o *Jornal das Famílias* de 1863 a 1878, abrem espaço para escritores que tenham "textos dedicados às horas em que o espírito necessite de repouso", porém "sem suspender intei-ramente as suas funções" (*Revista Popular*, t.1, p. 3). Textos de autores

---

11   Essa conjuntura do universo livreiro também gerava os baixos valores pa-gos aos escritores. Miranda Pereira mostra que o aluguel de um pequeno apartamento no centro do Rio de Janeiro chegava a custar 100 mil-réis, enquanto um autor já consagrado como Machado de Assis recebeu 600 mil réis pela publicação de Helena, em 1876. Autores menores chegavam a receber apenas 35 mil réis em pequenas publicações. (MIRANDA PEREIRA, 2004, p. 36-37).

desconhecidos figuravam em meio a nomes conhecidos na revista, assim como no jornal (PINHEIRO, 2007).

A *Revista Popular* – primeira publicação periódica do editor Garnier:

No início de 1859, B. L. Garnier passou a investir na edição de um periódico quinzenal, a *Revista Popular: noticiosa, scientifica, industrial, historica, litteraria, artistica, biographica, anedoctica, musical, etc – jornal ilustrado*. O empreendimento teve três endereços de produção: a Typografia Moderna de George Bertrand, nos seus primeiros meses, a tipografia de Quirino e Irmãos, durante a maior parte dos seus quatro anos e a tipografia Pinheiro e Cia em seus tomos finais.

Embora a revista tenha sido sempre impressa no Rio de Janeiro, os figurinos, com que eram "belamente ornadas" as páginas da publicação, vinham de Paris. Tais figurinos eram incluídos na *Revista* em encartes dobrados, por serem maiores do que o formato da revista, e vinham para o Brasil em papel *couché* 27x20 cm (ABREU, 2008, p. 22).[12] A produção dos figurinos era, na sua maioria, realizada pelos famosos artistas franceses Anaïs Colin Toudouze, Jules Davis e Compte-Calix, internacionalmente reconhecidos em sua época. Anaïs Colin era filha de pais litógrafos, seguindo, assim como suas irmãs, o ofício familiar de desenhar gravuras de modas. Jules Davis era o principal concorrente da família Colin, possuindo, tal como sua adversária, inúmeros trabalhos na área de moda (ABREU, 2008, p. 22-23).

Contudo, é importante observar que a importação de figurinos de moda não era uma particularidade do periódico de Garnier. A

---

12 A autora afirma ainda que muitas vezes os encartes das modas eram inseridos na revista sem qualquer cuidado, podendo ficar separado do texto a que se referiam. Ver: Abreu (2008, p. 11).

Revista Popular seguia, na importação de estampas, um padrão que outros periódicos já haviam empregado. O *Novo Correio das Modas*, dos irmãos Laemmert, o *Jornal das Senhoras*, de Joana Paula Manso de Noronha e a *Marmota da Corte*, de Paula Brito, são alguns exemplos de periódicos que se utilizaram de imagens de figurinos franceses em suas publicações (FERREIRA, 1994, p. 454).

Com a numeração de página contínua ao longo de três meses de publicação, os editores previam a possibilidade de o periódico ser encadernado. Em meados do segundo ano, a edição da *Revista* avisava aos interessados que "na administração (…) [da] *Revista* se troca[va] qualquer trimestre em brochura, em bom estado, por outro encadernado, mediante a quantia de 1$500 réis" (*Revista Popular*, t. 9).[13] Ao final dos quatro anos de existência a *Revista* possuía 96 números, divididos em 16 volumes encadernados.

A proposta editorial da revista a ligava a um grupo de periódicos[14] que consideravam a disseminação da informação um importante meio para o desenvolvimento da nação e para o seu progresso, preocupação cara ao século XIX, principalmente para um país como o Brasil, que ainda estava criando suas bases nacionais. De acordo com Pallares-Burke "sobretudo após a conquista da independência, a imprensa passou a ser constantemente referida como o meio mais eficiente e poderoso de influenciar os costumes e a moral pública, discutindo questões sociais e políticas" (PALLARES-BURKE *apud* JINZENJI, 2010, p. 25).

Esta preocupação em transmitir conhecimento é evidente no editorial do primeiro número da *Revista Popular*, em que se propõe

---

13 Folha anexa ao tomo 9 com o nome dos colaboradores, preço da assinatura e essa "advertência" aos interessados.

14 Nessa mesma linha encontravam-se: a *Minerva Brasiliense, A Guanabara, O Álbum Literário* e *O Espelho*. Ver: Lima (2008).

oferecer instrução, com um pouco de tudo, para compreensão de todos os leitores. É também evidente a noção que tinham de uma História que caminha em direção a um progresso crescente. Nas palavras dos redatores:

> Havemos de acompanhar o progresso da humanidade cedendo ao impulso irresistível da época, e até, se pudermos, dar o nosso empurrãozinho para adiante, mas não desprezaremos de todo o passado, que é o ponto de apoio do presente. Não colocaremos sobre pés de barro um colosso de bronze.
>
> Não só o passado e o presente, mas também nos ocupará o futuro. Não o futuro do charlatão, que pretende lê-lo nas estrelas, ou n'um baralho de cartas, mas o futuro do homem refletido e previdente, que, com os três termos dados, o passado, o presente e a própria razão, descobre a incógnita.
>
> Escrevemos de tudo e para todos. (...)
>
> Outr'ora quem aprendera a ler e a escrever as quatro operações tinha completado a sua educação. Quem podia dizer que tinha "andado no latim" e se saia às vezes com sua rajada dele, que talvez só compreendia por tradição, tinha jus à admiração geral. Hoje não é assim. Ao advogado não basta saber de cor suas pandectas, nem ao médico dar quinhão em Hipócrates ou Hahnemann, nem ao astrônomo predizer o momento preciso da volta de um cometa. É preciso que saiba um pouco de tudo,

e que em nenhum ramo seja totalmente hospede (*Revista Popular*, t. 1, p. 1-2).

De acordo com tal editorial os novos tempos exigiam um amplo conhecimento dos homens bem instruídos, os quais não deveriam ficar fechados nos universos de suas respectivas áreas de trabalho. Advogado, médico, engenheiro e lavrador precisariam conhecer vários assuntos e para isso deveriam ler a *Revista Popular*.

Para alcançar o definido propósito, durante o primeiro ano de publicação da *Revista*, dezessete assuntos fizeram-se presentes: agricultura, crônicas, comércio e indústria, contos e narrativas, crítica e análise, descrição, economia política, emigração e colonização, esboços biográficos, higiene, instrução e educação, geografia, música, física, poesia, romance e variedades.[15] Contudo, no decorrer dos quatro anos de publicação algumas deixaram de existir e outras ganharam mais espaço. É o caso da seção de música e poesia, respectivamente. A primeira quase não teve presença no todo do periódico, já a segunda cresceu enormemente com o passar dos anos da revista, tornando-se uma das seções de maior peso da publicação (PINHEIRO, 2002, p. 63).

No começo de janeiro de 1860 a redação comemorou o primeiro aniversário da publicação. O editorial do segundo ano foi um elogioso texto transcrito do *Jornal do Commercio*:

---

15 Essas seções encontram-se no índice do primeiro ano do periódico. Na realidade as seções do periódico eram muito maleáveis. Podemos encontrar artigos que consideraríamos ser sobre literatura às vezes na seção de variedades, outras vezes na seção literatura. De fato isso ocorre com vários artigos, sendo que no tomo final encontramos ainda outras classificações para os artigos que foram publicados no decorrer dos quatro anos. Podemos perceber que as divisões dos assuntos ainda eram flexíveis e os próprios editores não tinham categorizações acabadas para áreas afins.

A diretoria da Revista começou bem e perseverou, e depois de um ano o seu livro tornou-se o verdadeiro livro do povo e das famílias. Na corte e nas províncias, nas casas mais conspícuas, como nas mais simples a *Revista Popular* é o livro, em que homens e mulheres, velhos e moços, estadistas e eruditos, comerciantes e industriais, lavradores e artífices buscam e acham artigos e notícias, que os instruem, os divertem, os entretêm sem causar-lhes fadiga. Bem se vê que um tal livro era uma verdadeira necessidade, porque nem todos têm o tempo de estudar os *in-folio* das bibliotecas, e, de outro lado, os jornais se ocupam com certas e determinadas questões. Faltava a leitura das horas vagas para todos; a *Revista* veio preencher essa lacuna (*Revista Popular*, t.5, p. 5).

Embora buscasse atingir um público amplo, que ia dos "lavradores" aos "industriaes", a *Revista* custava um preço que talvez não fosse acessível ao "povo". A assinatura anual custava 20$000 réis para a Corte e 22$000 para as províncias; 10$000 e 11$000 réis na semestral e 5$000 e 5$500 réis na trimestral. No mesmo ano de 1859, *O monarchista*, que contava 11 anos de publicação, era oferecido por 8$000 ao ano e 4$000 no preço semestral, o *Correio da Tarde* ficava por 16$000 anualmente e 8$000 o semestre e *A marmota* por 5$000 o semestre, todos nos valores disponíveis para a Corte.[16] Ainda as-

---

16 LAEMMERT, Eduardo. *Almanak administrativo, mercantil e industrial da Corte e província do Rio de Janeiro*. Para o ano de 1859. Rio de Janeiro: editores e proprietários Eduardo e Henrique Laemmert, 1859. p. 726. Disponível em: http://objdigital.bn.br/acervo_digital/div_periodicos/almanak/almanak_djvu.htm Acessado: 20/01/2012. Também podemos comparar

sim, o texto publicado no *Jornal do Commercio* reafirmava a fala dos redatores da *Revista,* insistindo na ideia de que o periódico cumpria o papel assumido, ou seja, o de transmissor de conhecimento amplo para um público variado.

Para cumprir esse papel de amplo divulgador de informações, o periódico também se valeu de um numeroso quadro de colaboradores. Entre eles, Wilson Martins e Nelson Werneck Sodré lembram que grandes nomes das letras oitocentistas estiveram presentes nas páginas da *Revista Popular.* Nas palavras deles:

> A *Revista Popular* (…) foi, ao mesmo tempo, como era próprio da época, um orgão do Romantismo (…) e também do nacionalismo literário, que, apesar das aparências, completava-o e dava-lhe sentido. Foi na *Revista Popular* que Joaquim Norberto publicou os capítulos esparsos da sua projetada *História da Literatura Brasileira* […] (MARTINS, 1977, p. 111-112).
>
> Em São Paulo, Salvador de Mendonça (…) colabora com a *Revista Popular,* editada pelo Garnier, "uma das publicações mais conceituadas de seu tempo", pela qual passaram de, 1860 a 1862, Gonçalves Dias, Joaquim Manuel de Macedo, Saldanha Marinho, Justiniano da Rocha, Porto Alegre, Bernardo Guimarães, D. J. Gonçalves de Magalhães (…) (SODRÉ, 1999, p. 192).

---

com preços de livros que ficavam em torno de 2$000 réis. Nesse caso, se considerássemos cada tomo do periódico como um livro, eles sairiam por 5$000 réis cada.

É considerável o fato de alguns dos maiores nomes do chamado romantismo brasileiro estarem presentes entre os colaboradores do periódico; homens engajados na constituição de um sentimento nacional. A preocupação com a propagação desse sentimento estava presente na *Revista* de várias formas e em quase todas as suas seções, contribuindo para a formação de uma imagem nacional.

De acordo com Anne-Marie Thiesse, o trabalho da criação das identidades nacionais foi um esforço de diversos letrados do Oitocentos que, muitas vezes em contato uns com os outros, discutiam e formavam – inventavam – as bases do que era nacional. Um esforço internacional dava a cada nação particularidades próprias e únicas: nacionais. Segundo Thiesse, a nação é uma invenção que se mantém viva graças aos esforços dos letrados para transformá-la em um bem coletivo (THIESSE, 2000).

Na *Revista Popular* podemos perceber essa relação entre os colaboradores e a preocupação com a construção desse bem coletivo. A nacionalidade dos colaboradores da *Revista* passava não só pelo local de nascimento desses escritores, mas também se relacionava ao modo como os redatores se apropriaram de seus nomes dentro do periódico. Os redatores buscavam mostrar que algumas das seleções dos artigos publicados na revista estavam em consonância com os interesses e necessidades nacionais, sendo esses colaboradores de nacionalidade brasileira ou não.

A Revista e seus colaboradores

Como dito, o número de colaboradores do periódico foi grande. A partir do sétimo tomo, encontramos, na revista, uma lista, apesar de incompleta, com os nomes desses escritores e redatores, porém sem diferenciação uns dos outros. É ainda no texto do *Jornal do Commercio* que podemos identificar um de seus redatores:

> Os redatores são todos bem conhecidos, e muito folgamos em ver figurar entre eles o nome do exímio filósofo e poeta, *o Sr. Domingos José Gonçalves de Magalhães*, que apesar de ausente, quis contribuir com sua brilhante pena para a ilustração d'esta empresa nacional. (*Revista Popular*, t.5, p. 6).

Pelo elogio do jornal podemos analisar que os autores integrantes da rede editorial do periódico não eram desconhecidos, ao menos entre a elite letrada. Essa possível identificação dos autores entre os leitores da época também se mostrou concreta quando observamos o número de artigos assinados. Dos 1024 artigos, 846 foram assinados, ou seja, 83% da revista. Se levarmos em conta que muitas publicações periódicas do Oitocentos nem mesmo traziam assinatura, esses números se tornam mais relevantes.

Dentre os autores desses artigos, como se pode perceber na tabela 1, em números de colaboradores a presença estrangeira certamente não era o que mais chamava a atenção na *Revista Popular*.

Tabela 1 – Nacionalidade dos autores de artigos publicados na *Revista Popular*[17]

Origem	Publicações	% do Total
Brasileiro	590	57,6%
Não identificado	178	17,4%
Naturalizado brasileiro	81	7,9%
Francês	68	6,6%
Português	60	5,9%
Estrangeiros sem identifica-ção da nacionalidade	29	2,8%
Alemão	5	0,5%
Escocês	4	0,4%
Austríaco	3	0,3%
Inglês	2	0,2%
Chinês	1	0,1%
Italiano	1	0,1%
Paraguaio	1	0,1%
Suíço	1	0,1%
Total	1024	100,0%

Nos quatro anos de publicação, a presença de brasileiros foi marcante em todas as seções do periódico. Um dos nomes importantes foi o de Joaquim Norberto de Sousa Silva que, além de publicar partes de seu livro *História da Literatura Nacional*, colaborou com diversos outros textos de crítica literária. Da mesma forma, foi o autor mais presente na seção de poesias e não deixou de apresentar suas ideias em algumas crônicas, artigos sobre história e em outros de

---

17 A identificação desses dados foi feita durante pesquisa de iniciação científica com financiamento do CNPq. Os nomes dos autores foram encontrados principalmente no *Diccionario Bibliographico Portuguez*, de Innocencio da Silva e no *Diccionario Bibliographico Brazileiro*, de Sacramento Blake.

O Oitocentos entre livros... 135

temáticas variadas. Juntamente com o Cônego Fernandes Pinheiro totalizou 18% de todas as publicações expostas na revista para os leitores do periódico.

Encontramos também a colaboração de Joaquim Manuel de Macedo, principalmente nas crônicas da quinzena; Gonçalves de Magalhães e Salvador Mendonça com uma crítica literária cada um; Manuel de Araújo Porto Alegre com uma poesia, Casimiro de Abreu com cinco e Álvares de Azevedo com quatro.[18]

Além desses autores, ainda hoje valorizados, todas as seções contaram com muitos nomes não lembrados após o Oitocentos. Apesar de não recompensados com a memória da história literária para os séculos seguintes, eram importantes vozes para aquele período, como observa Alexandra Pinheiro em sua tese de doutorado (PINHEIRO, 2007). Considerando as referências aos seus nomes em dicionários da época como o de Innocencio da Silva ou Sacramento Blake podemos dizer que eram também reconhecidos por seus contemporâneos.

A longa seção de poesias contou principalmente[19] com os brasileiros: Francisco Joaquim Bithencourt, Nuno Álvares Pereira e Sousa, Caetano Alves de Sousa Figueiras, Quintino Bocaiúva, Juvenal Galleno, José Joaquim Cândido de Macedo Júnior, Anastácio do Bonsucesso, Bithencourt Sampaio, Rebello de Vasconcelos, Bruno Seabra, José de Castro e Silva, Eustáquio da Costa, Luís Delfino, José

---

18 Ressaltamos que estamos trabalhando com os autores que foram possíveis de se identificar como colaboradores da *Revista*. Alguns artigos não foram assinados ou se assinados os autores utilizaram-se de pseudônimos não reconhecidos. Porém, é reconhecido por historiadores que fontes históricas dificilmente chegam a nós por completo, fato que nem por isso inviabiliza o trabalho de pesquisa.

19 Nomeamos aqui apenas aqueles que tiveram mais de uma poesia publicada na *Revista Popular*.

Maria Velho da Silva, Antônio Marques Rodrigues, Manuel Bonício Fontenele, Evaristo da Veiga. Dentre esses nomes a maior representatividade coube, após Joaquim Norberto, a Juvenal Galleno, Bruno Seabra, Bithencourt da Silva e Luís Delfino, respectivamente.

Os versos de autores de língua estrangeira publicados na revista foram apenas três, todos franceses: uma poesia de Victor Hugo, duas de Alphonse Lamartine e uma de Luís Antônio Burgain.

Entre os colaboradores portugueses, cinco poetas contribuíram com doze poesias no decorrer dos anos da revista. Foram eles: Francisco Gonçalves Braga, Manuel Gaspar Almeida Azambuja, Fernando Castiço, Antônio Rodrigues Marques e Valentim José da Silveira Lopes. Nas seções de crônicas, variedades e ficção estiveram os portugueses Fernando Castiço e Faustino Xavier de Novais, futuro cunhado de Machado de Assis. Reinaldo Carlos Montoro, também português, colaborou na seção de contos, biografias, críticas literárias e crônicas. Luís de Castro e Emílio Zaluar — diremos brasileiros[20] — colaboraram com crônicas, poesias, variedades e ficção.

A seção de agricultura e a de colonização apresentara textos tanto de brasileiros como de franceses. Contudo, a pesquisa revelou que esses franceses estiveram em algum momento em terras brasileiras. Foi o caso de Aimé Bonpland e Leonce Aubé. O último publicou no periódico vários textos sobre melhorias na colonização brasileira. Em 1861, recebeu até mesmo elogios da revista do IHGB:

> Sobre a colonização, amplo assunto de cogitações, escreveu o Sr. Leonce Aubé um pequeno livro, repleto de finas observações ditadas por uma longa residência em uma das nossas províncias meridionais,

---

20 Luís de Castro e Augusto Emílio Zaluar eram portugueses, porém mudaram-se para o Brasil e naturalizaram-se brasileiros.

que melhores proporções para ela oferece. Quando estrangeiros bem intencionados, como o Sr. Aubé, patenteiam ao mundo no mais vulgarizado idioma europeu as riquezas no nosso solo e sabedoria das nossas instituições, não podem deixar suas obras de ser bem recebidas pelo Instituto (*Revista Trimestral do Instituto Historico, Geographico e ethnografico do Brasil*, 1861, p. 794).

Pelo trecho, percebemos que, na época, a defesa das publicações com alguma valorização nacional não estava apenas vinculada às palavras de brasileiros. Dessa mesma forma, quando os redatores da *Revista Popular* publicaram colaboradores estrangeiros, esses homens estavam abordando o Brasil – mesmo que nem sempre positivamente. Apesar de serem artigos traduzidos, trouxeram para as páginas do periódico essa relação internacional. Os redatores demonstravam, com essas traduções, que havia escritores interessados em tratar do Brasil fora do território nacional. Enquadrá-las simplesmente entre os artigos de colaboradores estrangeiros, sem nenhum vínculo com o nacionalismo brasileiro, não explicaria suas funções dentro da *Revista Popular*.

Nesse contexto, temos o caso dos textos assinados pelo francês Charles Expilly[21] que tratavam da imigração para o Brasil. Mesmo revelando os maus tratos por que passavam os imigrantes que iam como parceiros para fazendas da Província de São Paulo[22] e fazendo

---

21 A lista de colaboradores da *Revista Popular* foi montada a partir de todos os artigos que estavam assinados nas páginas do periódico. Assim, Charles Expilly foi considerado um colaborador estrangeiro da revista mesmo que seu texto tenha saído, primeiramente, em um periódico estrangeiro.

22 A revolta dos parceiros da fazenda Ibicaba ocorreu em 1857. MENDES, José Sacchetta Ramos. *Desígnios da Lei de Terras:* imigração, escravismo e propriedade fundiária no Brasil Império. Disponível em: http://www.

duros comentários sobre o descuido do governo brasileiro com essas questões, ainda assim a revista publicou seus textos. Segundo as notas da redação:

> Como o fim principal que se propõe a *Revista Popular*, transcrevendo *de* publicações estrangeiras artigos relativos ao Brasil, é dar a conhecer a opinião dos escritores europeus a tal respeito, seja ela qual for, justa ou injusta, favorável ou hostil, entende a redação que é do seu dever, reproduzi-los, sem os modificar: proceder de outra forma seria enganar o público e até desconhecer o seu bom senso. Se nos artigos que assim transcrevemos, se encontram asserções falsas, ou observações ofensivas, mais uma razão é essa, para pô-los diante dos olhos d'aqueles que melhor podem refutá-los, reestabelecer os fatos, ou desafrontar as pessoas (*Revista Popular*, t. 1, p. 100).

Nesse trecho, segundo os redatores, o principal interesse da revista, ao traduzir artigos europeus sobre o Brasil para suas páginas, era efetuar o papel de propagadora do conhecimento sobre a imagem brasileira no exterior – sendo ela positiva ou negativa. Sem diminuir a importância do assunto em questão, buscamos ressaltar a organização do quadro de colaboradores do periódico. Apesar de, pela tabela 1 apresentada anteriormente, já deixarmos claro que a participação brasileira foi a maioria na revista, pretendemos enfatizar

scielo.br/scielo.php?pid=S0103-49792009000100011&script=sci_arttext
Acessado: 04/12/2012.

que mesmo entre as poucas palavras de estrangeiros essas eram voltadas para assuntos de importância para o país.

Na seção de crítica literária a publicação de um autor estrangeiro explicava-se nos mesmos pontos. A publicação de partes de um livro de Ferdinand Wolf se deu porque o autor falava da literatura brasileira, razão pela qual os redatores até mesmo "lutar[am] com as grandes dificuldades da língua alemã" (*Revista Popular*, t.13, p. 175).

Assim, a análise da nacionalidade dos colaboradores da *Revista Popular* levantou pontos importantes daquela publicação. Editada em um período de intensa preocupação, por parte dos letrados, com o nacional, a *Revista* provou abrir um bom espaço para os brasileiros que desejassem publicar suas ideias na imprensa. Ao lado disso, a apreciação minuciosa dos artigos que os estrangeiros publicaram mostrou-nos que também nesses casos estava sendo levada em conta a relevância dessas publicações para a construção do nacional.

Fontes

Dicionário

LAEMMERT, Eduardo. *Almanak administrativo, mercantil e industrial da Corte e província do Rio de Janeiro*. Para o ano de 1859. Rio de Janeiro: editores e proprietários Eduardo e Henrique Laemmert, 1859, p. 726. Disponível em: <http://objdigital.bn.br/acervo_ digital/div_periodicos/almanak/almanak_djvu.htm> Acesso em: 20/11/12.

Jornais

Revista Popular (1859-1862).

Revista Trimestral do Instituto Historico, Geographico e ethnografico do Brasil (1861).

Bibliografia

ABREU, Marcella dos Santos. *Moda, teatro e nacionalismo nas crônicas da Revista Popular (1859-1862)*. Dissertação (Mestrado em Teoria Literária) – Instituto de Estudos da Linguagem/Unicamp, Campinas, 2008.

ALENCAR, Jóse de. *Como e porque sou romancista*. Campinas, SP: Pontes, 1990.

AZEVEDO, Célia Marinho de. *Onda negra, medo branco:* o negro no imaginário das elites no século XIX. São Paulo: Annablume, 2004.

COOPER-RICHET, Diana. Paris, capital editorial do mundo lusófono na primeira metade do século XIX? Belo Horizonte: *Varia História*, vol. 25, n°42; p. 539-555, jul/dez 2009.

DONEGÁ, Ana Laura. *Novo correio de modas (1852-1854)*: a prosa ficcional na moda e a moda na prosa ficcional. Monografia (Licenciatura em Letras) - Instituto de Estudos da Linguagem/ Unicamp, Campinas, 2009.

DONEGÁ, Ana Laura. *Publicar ficção em meados do século XIX*: um estudo das revistas femininas editadas pelos irmãos Laemmert. Dissertação (Mestrado em Teoria Literária) – Instituto de Estudos da Linguagem/Unicamp, Campinas, 2013.

DUTRA, Eliana de Freitas. Leitores de além-mar: a Editora Garnier e sua aventura editorial no Brasil. In: ABREU, Márcia e BRAGANÇA Aníbal (orgs.) *Impresso no Brasil:* dois séculos de livros brasileiros. São Paulo: Editora UNESP, 2010.

EL FAR, Alessandra. *Páginas de sensação* – literatura popular e pornográfica no Rio de Janeiro (1870-1924). São Paulo: Companhia das Letras, 2004.

FERREIRA, Orlando da Costa. *Imagem e letra:* introdução a bibliologia brasileira. São Paulo: Edusp, 1994.

HALLEWELL, Laurence. *O livro no Brasil.* São Paulo: Edusp, 1985.

LAJOLO, Marisa & ZILBERMAN, Regina. *A formação da leitura no Brasil.* São Paulo: Ática, 1998.

LIMA, Lilian Martins de. *Homens de letras e imprensa periódica no Rio de Janeiro (1838-1869).* Em tempo de História. PPG-HIS/UnB, n° 12, Brasília, 2008.

MACHADO de Assis, J. M. *apud* Schapochnick, Nelson. *Malditos Tipógrafos.* Apresentado no I Seminário Brasileiro sobre Livro e História Editorial de 8 a 11 de novembro de 2004. Disponível em: < http://www.livroehistoriaeditorial.pro.br/pdf/nelsonschapochnik.pdf>. Acesso em: 02/12/12.

MARTINS, Wilson. *História da Inteligência Brasileira*, vol. 3 São Paulo: Editora Cultrix, 1977.

MENDES, José Sacchetta Ramos. *Desígnios da Lei de Terras:* imigração, escravismo e propriedade fundiária no Brasil Império. Disponível em: < http://www.scielo.br/scielo.php?pid=S0103--49792009000100011&script=sci_arttext>. Acesso em: 4/12/12.

MIRANDA PEREIRA, Leonardo Affonso de. *O carnaval das letras* − literatura e folia no Rio de Janeiro do século XIX. Campinas, São Paulo: Editora da Unicamp, 2004.

MOLLIER, Jean-Yves. *O dinheiro e as letras* − história do capitalismo editorial. São Paulo: Edusp, 2010.

PALLARES-BURKE, Maria Lúcia Garcia. A imprensa periódica como uma empresa educativa no século XIX. *Caderno de pesquisa*, n° 104, jul. 1998. *Apud* JINZENJI, Mônica Yumi. *Cultura impressa e educação da mulher no século XIX.* Belo Horizonte: UFMG, 2010.

PINHEIRO, Alexandra Santos. *Baptiste Louis Garnier:* o homem e o empresário. Apresentado no I Seminário Brasileiro sobre Livro e História Editorial. Disponível em: <http://www.caminhosdoromance.iel.unicamp.br/estudos/ensaios/homem.pdf> Acesso em: 4/12/12.

PINHEIRO, Alexandra Santos. *Revista Popular (1859-1862) e Jornal das Famílias (1863-1878):* dois empreendimentos de Garnier. Dissertação (Mestrado em Teoria Literária) - Faculdade de Ciências e Letras/Unesp, São Paulo, 2002.

PINHEIRO, Alexandra Santos. *Para além da amenidade: o Jornal das Famílias* e sua rede de produção. Tese (Doutorado em Teoria Literária) - Instituto de Estudos da Linguagem/UNICAMP, Campinas, 2007.

QUEIROZ, Juliana Maia de. Em busca de romances: um passeio por um catálogo da livraria Garnier. In: ABREU, Márcia. (org.) *Trajetórias do romance* − circulação, leitura e escrita nos séculos XVIII e XIX.

SCHAPOCHNIK, Nelson. *Malditos tipógrafos.* Apresentado no I Seminário Brasileiro sobre Livro e História Editorial de 8 a 11 de novembro de 2004. Disponível em: <http://www.livroehistoriaeditorial.pro.br/pdf/nelsonschapochnik.pdf> Acesso em: 2/12/12.

SIMIONATO, Juliana. *A Marmota* de Paula Brito. In: RAMOS Jr, José de Paula; DEAECTO, Marisa Midori; MARTINS FILHO, Plinio. (orgs.) *Paula Brito*: editor, poeta e artífice das letras. São Paulo: Edusp, 2010.

SODRÉ, Nelson Werneck. *História da Imprensa no Brasil.* Rio de Janeiro: Mauad, 1999.

THIESSE, Anne-Marie. *A criação das identidades nacionais.* Lisboa: Temas e Debates, 2000.

A imprensa *Matutina* e o antilusitanismo em Goiás no início do período regencial

Martha Victor Vieira[1]

Em 5 de março de 1830, começou a circular no arraial de Meiaponte, a cerca de vinte e seis léguas da Cidade de Goiás, que era a capital da Província, o primeiro periódico goiano, intitulado *A Matutina Meiapontense*. Esse periódico pertencia ao grande proprietário de terras e negociante comendador Joaquim Alves de Oliveira e tinha como redator o padre Luiz Gonzaga de Camargo Fleury. Nas páginas do *A Matutina Meiapontense* encontravam-se atos oficiais, notícias nacionais e estrangeiras e manchetes de vários periódicos, como o *Aurora Fluminense*, o *Astro*, o *Pharol*, entre outros. Em uma seção dessa publicação, havia um espaço para as correspondências dos leitores, que frequentemente manifestavam suas críticas às autoridades provinciais. Por meio dessas correspondências, era possível estabelecer um diálogo com o redator, comentando, inclusive, matérias anteriormente publicadas.

Inicialmente, *A Matutina Meiapontense* circulava somente às terças e sextas-feiras. Dois meses depois, passou a contar com números adicionais, saindo às quintas e sábados. Esse periódico, que circulou

---

1 Professora do Colegiado de História, Campus de Araguaína, da Universidade Federal do Tocantins e Doutora em História Social pelo Instituto de Filosofia e Ciências Sociais da UFRJ.

até 24 de maio de 1834, era vendido na Província de Goiás, em Cuiabá e São João Del Rey (BARBOSA, 2010, p. 49; TELES, 1989, p. 24).

A criação do *A Matutina*, que veiculava documentos oficiais, as notícias de diferentes lugares e os boatos da Província, fez com que em Goiás se constituísse um espaço para o posicionamento das facções políticas e da população letrada. Ao promover a circulação de informações e publicar as cartas dos leitores, o periódico *A Matutina* contribuiu para a constituição de uma incipiente opinião pública em Goiás.[2] No início das Regências, o acontecimento que mais mobilizou um reduzido círculo de leitores goianos a declarar sua opinião no *A Matutina* foi o movimento sedicioso contra os portugueses, que ocupavam empregos públicos na Província. Entre esses portugueses estava o presidente Miguel Lino de Morais.

O redator do *A Matutina*, assim como os correspondentes, utilizavam uma linguagem que denotava o "estado de consciência" desses indivíduos (POCOCK, 2003, p. 39-43), e demonstrava uma apropriação singular dos "liberalismos" vigentes, que alternava as concepções modernas do sistema representativo com os valores do chamado Antigo Regime.[3]

Com uma retórica pedagógica e propagadora das "luzes", *A Matutina* dizia-se imparcial e abria espaço para a manifestação de diferentes sujeitos e opiniões. De modo que, por meio da leitura dos artigos publicados, conseguimos identificar os membros e as ideias das duas principais facções goianas que existiam no início do período regencial, as quais nós designamos como situacionista e oposicionista. A primeira, encabeçada pelo coronel José Rodrigues Jardim e o padre Luis Gonzaga de Camargo Fleury, se caracterizou por tentar

---

2   Para o conceito de opinião pública, ver: Neves (2009, p. 182-187) e Morel (2005, p. 210-211).

3   Para compreender a expressão liberalimos, ver: Morel (2005, p. 48).

ascender ao poder dentro da legalidade, buscando reconhecimento do governo Imperial e dos cidadãos ativos locais. Enquanto que a segunda, liderada pelo coronel Felipe Antônio Cardoso e o padre Luiz Bartolomeu Marques, estava disposta a usar da força física para tomar o poder na Província.

O confronto entre os situacionistas e os oposicionistas ganhou notoriedade em Goiás em dois momentos: na época da Independência e após a abdicação de D. Pedro I. As rivalidades existentes entre essas duas facções, no entanto, não se pautavam por identidades ideológicas distintas. Ambas pertenciam ao grupo dos grandes proprietários, participavam da administração e se manifestavam fiéis ao governo central, adequando seus discursos e suas ações conforme as tendências hegemônicas na Corte. Todavia, no interior da Província, as facções goianas concorriam por cargos e pelo poder de mando, daí a razão das disputas políticas que exaltavam os ânimos dessas elites.

No ano de 1831, as disputas entre as duas facções tornaram-se flagrantes. De um lado, os situacionistas reiteravam publicamente o seu apoio ao presidente da Província Miguel Lino de Morais. Em contrapartida, os oposicionistas se articulavam com civis e militares para destituí-lo do cargo, juntamente com outras autoridades goianas, sob a justificativa dos mesmos serem portugueses.

A denúncia sobre a perseguição aos "cidadãos brasileiros adotivos" apareceu no *A Matutina* em 19 de julho de 1831, quando se noticiou o assassinato do ouvidor Jerônimo José da Silva Castro, da Comarca de São João das Duas Barras, que era natural de Portugal. Segundo o redator do periódico, a argumentação dos envolvidos no crime era de que os "europeus" eram inimigos e que os "brasileiros" deveriam matá-los (*A Matutina Meiapontense*, 19.7.1831, nº 204, p. 3).[4]

O assassinato do ouvidor causou grande repercussão na Província. De acordo com uma proclamação feita por Miguel Lino de Morais, no dia 26 de junho de 1831, no arraial de Flores sete homens atacaram a casa do ouvidor e o assassinaram, sob a alegação de que era um "europeu". Os assassinos, com o apoio de homens dessa localidade, fizeram ameaças às autoridades do distrito e gritavam vivas aos brasileiros e à Constituição. Nessa mesma proclamação, Lino de Morais afirmou que circulavam na Cidade de Goiás vários pasquins contra os portugueses. Ao referir-se à recorrência dos pasquins, Lino de Morais questionou a finalidade e a "authoridade" para estes vários atentados, cujo interesse era retirar os "Brasileiros adoptivos" dos seus cargos, para ficar com os mesmos (*Secretaria do governo*, l. 153, fl. 18).

Preocupado com os pasquins e com os "ajuntamentos", Lino de Morais pediu providências ao juiz de paz Luiz Bartolomeu Marques e reclamou que estava havendo o aliciamento de "partido contra os Europeus" na capital goiana. Os "europeus" mais visados eram o coronel João José do Couto Guimarães, tesoureiro geral da Província, e o tenente-coronel João Nunes da Silva, tesoureiro da Casa de Fundição (*idem, ibidem*).

Embora o assassinato de Jerônimo José da Silva Castro fosse associado pelas autoridades goianas ao antilusitanismo decorrente da abdicação de D. Pedro I, há indícios de que o magistrado foi morto devido às inimizades que fez na Província. Essa inferência deve-se à existência de uma carta publicada no *A Matutin*a, na qual um cognominado *Sertanejo do Gibão do Couro* criticou a ação do ouvidor

---

4 Ver também: Brasil (1980, p. 72).

O Oitocentos entre livros... 147

alegando que o mesmo estava instaurando o "despotismo no ser-
tão", fazendo "coisas terríveis" nos arraiais de Thrairas, Cavalcante e
Flores, mandando prender pessoas "sem culpa formada" (*A Matutina
Meiapontense*, 07/10/1830, n° 82, p. 3).

A reclamação sobre a arbitrariedade da ação dos magistrados
em Goiás parece ter chegado ao conhecimento da presidência, que
publicou um bando informando que as acusações contra os magistrados deveriam ser enviadas para o Imperador, desde que houvesse
documentos que a comprovassem (*idem*, 23/11/1830, n° 102, p. 3)

Outra carta, escrita por um leitor autodenominado *O Assustado*,
fez menção a esse bando e denunciou Silva Castro, dizendo que as
medidas tomadas contra o ouvidor aumentaram a sua raiva contra
os cidadãos goianos. Segundo esse correspondente, as ditas providências foram "[...] como uma chama que incendiada augmentou
a fervura de cólera do Sr. Castro", o qual era acusado de querer
implantar o "absolutismo" na Comarca de São João das Duas Barras
(*idem*, 24/03/1831, n° 154, p. 4).

Além do assassinato do ouvidor, outras manifestações políticas
ocorridas em 1831 também foram associadas ao antilusitanismo.
Segundo as autoridades goianas, após a Abdicação, circularam vários boatos na Província sobre a perseguição movida aos naturais de
Portugal residentes em Goiás.

Na opinião do redator do *A Matutina*, tanto as notícias referentes
às manifestações antilusitanas no Rio de Janeiro e na Bahia quanto
a morte do ouvidor favoreceram o clima de instabilidade na Cidade
de Goiás. A partir desse acontecimento é que teriam começado a
circular os pasquins antilusitanos (*idem*, 28/08/1831, n° 210, p. 4).

Contudo, diferentemente dos motins da Corte, nos quais os
gritos por liberdade, provenientes das camadas pobres da população, representavam o desejo de igualdade (RIBEIRO, 2002, p. 250),

na Cidade de Goiás, os protagonistas das manifestações antilusitanas foram alguns dirigentes oposicionistas e proprietários da capital, que mobilizaram as tropas de primeira e segunda linha e saíram às ruas para solicitar a deposição de certos indivíduos, identificados como portugueses, que estavam exercendo cargos públicos na Província. A luta, portanto, distanciava-se do radicalismo da Corte, concentrando-se nas disputas pelas funções de prestígio ocupadas pelos portugueses. Tratava-se de um conflito entre as elites, alimentado pelos acontecimentos nacionais, mas com agenda própria.

A sedição de 1831

O auge do conflito, envolvendo civis e militares na Província de Goiás, ocorreu nos dias 14, 15 e 16 de agosto de 1831, quando o "Povo e a Tropa" reunidos solicitaram, perante o Conselho Geral da Província, a deposição do presidente Miguel Lino de Morais e de outras autoridades que ocupavam cargos públicos na capital. A representação, assinada por 120 pessoas, requisitando a deposição do presidente da Província e dos chamados "cidadãos brasileiros adotivos", foi entregue na sessão do Conselho Geral em 14 de agosto de 1831 (*Ata*, l. 169, fls. 28-32).

No mesmo dia 14 de agosto, o vice-presidente, Luíz Bartolomeu Marques, publicou uma resolução informando a decisão do Conselho Geral que autorizava a demissão de todos os portugueses empregados na Província, em virtude de uma requisição do "Povo e da Tropa". No dia seguinte, Bartolomeu Marques dirigiu aos goianos uma nova proclamação, na qual forneceu uma versão circunstanciada dos fatos que desencadearam o "movimento político" de 1831. Nessa proclamação, Bartolomeu Marques informou que, na qualidade de juiz de paz e de vice-presidente, recebeu uma reclamação do comandante interino das armas, Felipe Antônio Cardoso, que solicitava a convocação do Conselho para decidir um conflito de jurisdição entre o referido governador das armas e o presidente Miguel Lino de Morais (*Secretaria do governo*, l. 153. fl. 19).

Inteirado desses acontecimentos, Bartolomeu Marques reuniu o Conselho Geral na Câmara Municipal, com o intuito de tranquilizar a Província. Ao tomar ciência da convocação, Lino de Morais tentou, sem sucesso, falar com o Conselho Geral, o que o levou a demitir-se da presidência (*idem, ibidem*). Com a saída de Lino de Morais, o vice-presidente, Bartolomeu Marques, membro da facção oposicionista, assumiu, interinamente, a administração da Província.

A demissão do presidente da Província não era, porém, a única reivindicação do "Povo e da Tropa", que insistiam na deposição de outros portugueses dos seus empregos, sendo esses: o tesoureiro geral, João José do Couto Guimarães, o juiz de fora, João Chrisóstono Pinto da Fonseca, o ouvidor, Joaquim Francisco Ponce de Leão, o tesoureiro da Casa de Fundição, tenente-coronel João Nunes da Silva e o fundidor José da Costa Gomes. Pressionado pelos sediciosos, o Conselho Geral teria tentado negociar, mas acabou por votar favoravelmente às deposições (*idem, ibidem*).

As deposições dessas autoridades provocaram um confronto travado nas páginas do *A Matutina*, nas quais apareceram as versões da facção situacionista e da oposicionista. Os situacionistas defendiam os portugueses e denunciavam o caráter ilegal das demissões, pois temiam que as mesmas se estendessem aos empregados públicos dos outros arraiais. Já os oposicionistas justificavam o apoio às deposições, alegando que reagiram de forma preventiva para assegurar a segurança dos brasileiros natos. Ademais, por um lado, os situacionistas denominavam a requisição de deposição dos portugueses como "desordem", "revolta" "revolução" e "sedição"; enquanto os oposicionistas falavam em "movimento político", "inquietação" e "perturbação". As duas facções, porém, fizeram alusão à necessidade de manter a "ordem" na Província. O sentido impresso na palavra ordem denotava que as duas facções estavam preocupadas em preservar os interesses dos cidadãos proprietários.

De fato, tanto os situacionistas como os oposicionistas concordavam que era preciso defender os interesses dos proprietários da Província e garantir internamente a manutenção do governo monárquico constitucional. A diferença entre as duas facções é que os oposicionistas em dois momentos de aguda crise política nacional, 1821 e 1831, tentaram ocupar os principais cargos públicos com base na força.[5] Por sua vez, os situacionistas buscaram ascensão política agindo dentro da legalidade. É pertinente observar, todavia, que mesmo os sediciosos de 1831 fizeram um uso moderado da força, buscando dar um caráter legítimo ao movimento. Tanto que as deposições foram solicitadas por meio de uma representação feita ao Conselho Geral da Província.

A análise das versões sobre a sedição de 1831 publicadas no *A Matutina* nos ajuda a mapear a composição das duas principais facções que atuavam na capital goiana, bem como os vários interesses em jogo nesse episódio. Esses interesses estavam relacionados aos conflitos de jurisdição, à resistência, à ação extrativa do poder central e às disputas pelo poder do exercício legítimo da autoridade no âmbito provincial.

Uma das primeiras versões sobre as deposições dos "brasileiros adotivos" foi apresentada pelo próprio redator do *A Matutina*, Camargo Fleury. Esse redator, contando o que se dizia na Cidade de Goiás, afirmava que o comandante das armas Felipe Cardoso pediu ao Conselho Geral para resguardar a segurança dos brasileiros

---

5   Sobre as disputas políticas entre as facções goianas na época da Independência, ver: Vieira (2011, p. 33-34).

O Oitocentos entre livros... 151

natos, porque o presidente da Província ordenou que o comandante do Batalhão 29 de primeira linha defendesse, com armas, os "europeus". Cardoso, ao tomar satisfação com Lino de Morais sobre tal ordem, foi advertido de que esse assunto não era da competência do comando das armas. O presidente declarou, ainda, que iria reunir o Conselho, no dia 16 de agosto, para transferir o comando das armas para o coronel João José do Couto Guimarães. A partir desse incidente, teve início o movimento que pedia a deposição dos portugueses dos seus empregos (*A Matutina Meiapontense*, 23/08/1831, n° 219, p. 4).

Para o redator do *A Matutina*, o "Povo e a Tropa" goiana não representavam a população da Província e não tinham legitimidade para depor empregados públicos, sob a justificativa desses indivíduos terem nascido em Portugal. O temor do redator era que as deposições "injustas e impolíticas" atiçassem os "espíritos turbulentos" na Comarca de São João das duas Barras e nos "sertões limitrophes". Por essa razão, sugeria que, primeiro houvesse uma investigação a respeito da ação dos portugueses residentes na capital, antes de proceder com a expulsão de todos os outros portugueses da Província (*idem*, 25/08/1821, n° 220, p. 3-4).

Tentando justificar a posição do Conselho Geral e a sua própria diante da sedição de 1831, o comandante das armas, Felipe Antônio Cardoso, solicitou ao *A Matutina* a publicação de vários documentos oficiais. Nesses documentos, há indícios de que, embora buscasse demonstrar uma atitude conciliadora, Felipe Cardoso foi um dos principais responsáveis pela indisposição das forças militares contra os portugueses. Tanto que, em 14 de agosto de 1831, emitiu uma ordem de prisão contra o capitão José Antônio da Fonseca, comandante do Batalhão 29 de primeira linha. O argumento era que

Fonseca pretendia usar a força para defender os "europeus" (*idem*, 22/09/1832, n° 231, p. 4).[6]

Tudo indica que foi a reação de Felipe Cardoso, diante do seu desentendimento com o presidente Lino de Morais, que desencadeou a sedição de 1831. Foi Cardoso – sob a alegação de que o presidente estava mancomunado com os "europeus" – que solicitou, em primeiro lugar, a intervenção do vice-presidente junto ao Conselho Geral e, em segundo, decidiu "tomar todos os pontos de defesa da Cidade", a fim de proteger os goianos (*idem*, 01/09/1831, n° 223, p. 4).[7] Essa atitude, justificada como ação preventiva, foi o estopim da sedição.

Ao deixar Goiás, Lino de Morais apresentou as justificativas da sua demissão, contrapondo-se às versões apresentadas por Bartolomeu Marques e Felipe Cardoso. Nessas justificativas, o ex-presidente afirmou que, desde maio de 1831, havia uma trama de "revolução" e circulavam boatos de saques aos bens dos portugueses na capital. De modo que seu procedimento, mandando armar o Batalhão 29, tinha como objetivo acautelar-se e proteger a Cidade de Goiás (*idem*, 03/09/1831, n° 224, p. 4).[8]

É notório que a abdicação de D. Pedro I, publicada no *A Matutina* em 21 de maio de 1831, estimulou os sediciosos goianos. Contudo, vários fatores, relacionados aos conflitos de jurisdição entre as autoridades de Goiás, concorreram para o descontentamento dos civis e militares que se envolveram na ação sediciosa. O fator

---

6 Documento intitulado: Quartel do Comando Interino das Armas. Ordem emitida por Felipe Cardozo, no dia de 14 de agosto de 1831.

7 Documento intitulado: Ofício de 14 de agosto de 1831 emitido por Felipe Antônio Cardoso ao Juiz de Paz da Cidade de Goiás e ao Vice-presidente da Província, Luis Bartolomeu Marques.

8 CORRESPONDÊNCIA de Miguel Lino de Morais.

que mais nos chamou atenção, e que parece ter tido uma relação direta com as deposições, foi a iniciativa do presidente da Província de impor o pagamento da décima urbana na capital, cuja cobrança foi oficializada à Câmara Municipal em 28 de maio de 1831.

A proposta de pagamento da décima urbana sobre os prédios públicos da Cidade de Goiás foi enviada pela Junta da Fazenda à Câmara Municipal em 12 de janeiro de 1831. Em contrapartida, a Câmara discordou da cobrança desse imposto, alegando que o mesmo "não era admissível" porque o centro da cidade era habitado por "famílias pobres e miseráveis". A Junta da Fazenda, porém, articulando-se com alguns vereadores, conseguiu retomar a matéria e aprovar na Câmara Municipal, em segunda discussão, a cobrança da décima para a Cidade de Goiás, Meiaponte, Jaraguá, Santa Luzia e Santa Cruz (*Câmara Municipal*, cx. 17, 1831).

Após as deposições das autoridades goianas, a cobrança da décima urbana foi trazida à tona novamente pelos vereadores da Câmara Municipal que ficaram insatisfeitos com a aprovação desse imposto. Esses vereadores enviaram uma representação ao presidente interino Luiz Bartolomeu Marques para ser encaminhada a Regência, na qual se solicitava a "graça de ficarem isentos da décima dos prédios urbanos". Na representação, os depostos eram chamados de "déspotas" e o governo de Lino de Morais era acusado de "anticonstitucional, e inimigo dos povos", pois oprimia a população da Cidade de Goiás *(idem, ibidem)*.

Com base na leitura dessa representação, notamos que havia uma divergência entre os membros da Câmara Municipal, a qual possuía tanto adeptos quanto oposicionistas da gestão de Lino de Morais. Na visão dos vereadores oposicionistas, a décima urbana foi aprovada na segunda discussão da matéria porque o:

> (...) ex-Presidente Miguel Lino de Morais,
> o ex-Ouvidor e juiz dos feitos Joaquim
> Francisco Gonçalves Ponce de Leão e o
> ex-Juiz de Fora e procurador da fazenda
> João Crisóstono Pinto da Fonseca e o
> ex-Tesoureiro geral João José do Couto
> Guimarães zelando mais pelos interes-
> ses da Fazenda do q o bem dos interesses
> Proprietários influirão e fizeram q a câ-
> mara municipal (...) revogasse aquela tão
> justa resolução (anterior) e tomasse como
> tomou outra contrária (...) (idem, ibidem).

Os vereadores que não concordavam com a cobrança da décima responsabilizavam a presidência e os dirigentes da Junta da
Fazenda pela implantação do imposto, acusando-os de serem "brasileiros adotivos" que estavam oprimindo a população da Província.
Além disso, tais vereadores consideravam louvável a deposição dessas
autoridades e, consequentemente, eram partidários do movimento
sedicioso feito pelo "Povo e a Tropa".

Ao afirmarem que as autoridades goianas estavam zelando mais
pelos "interesses da Fazenda" do que pelos "interesses proprietários",
os vereadores oposicionistas deixaram explícito que a motivação
para as deposições estava relacionada ao confronto entre os poderes
privados e os agentes que representavam o Estado Imperial. O presidente Lino de Morais, ao tentar impor medidas fiscais, desagradou
os proprietários que se recusavam a pagar impostos. Por esse motivo,
esses proprietários reuniram-se e mobilizaram as forças militares da
capital em 1831. O vazio de poder provocado pela Abdicação e as
manifestações antilusitanas em várias Províncias brasileiras contribuíram sobremaneira para que o movimento em Goiás ganhasse

adeptos e tivesse certo êxito, tendo em vista que conseguiram a demissão do presidente.

Investigando a sedição de 1831, percebemos que, entremeio às disputas entre as facções, o que estava em jogo era uma concorrência entre as autoridades centrais e provinciais sobre quem detinha um maior poder de mando e estava autorizado a exercer a autoridade legítima em Goiás. Tal concorrência evidencia a dificuldade do Estado Imperial em controlar as forças centrífugas radicadas nas Províncias.

Ana Cláudia Alves de Aquino Garcia, ao estudar o contrabando do boi em Goiás, entre 1830 e 1870, reforça a dificuldade do governo em controlar as elites provinciais, ao falar das artimanhas utilizadas pela plutocracia goiana para não pagar os impostos devidos. Dentre essas artimanhas constavam a cooptação de coletores, a reivindicação de isenções e o uso da força física para inibir o trabalho dos agentes da Junta da Fazenda. Por sua vez, o governo central, apesar de ser informado sobre as intrujices dos grandes proprietários, evitava entrar em choque com os mesmos, buscando, geralmente, negociar (GARCIA, 2009, p. 8).

Dois grandes proprietários goianos se destacaram entre a elite dirigente que disputava espaço de atuação política e poder de mando: o coronel Felipe Antônio Cardoso, fazendeiro de Arraias, e o abastado comendador de Meiaponte, Joaquim Alves de Oliveira. Felipe Cardoso, como comandante interino das armas, tinha influência sobre o Batalhão 29 de primeira linha e sobre a Companhia de Milícias da Cidade de Goiás. Por outro lado, Alves de Oliveira liderava a Companhia de Milícias de Meiaponte, considerada a mais bem armada e disciplinada de toda a Província.

O coronel Felipe Antônio Cardoso, integrava a facção que fazia oposição a Lino de Morais e a outros "brasileiros adotivos", enquanto o comendador de Meiaponte e proprietário do jornal *A Matutina*, Joaquim Alves de Oliveira, pertencia à facção situacionista. Todavia, ambos eram reconhecidos na Província por deterem capital político, econômico e coercitivo.[9]

Com a demissão de Lino de Morais e a deposição de outras autoridades pelo Conselho Geral, a facção oposicionista saiu, momentaneamente, vitoriosa e conseguiu assumir o governo de Goiás em agosto de 1831. Contudo, sem o apoio da Regência e de outros membros da elite dirigente, essa facção não conseguiu manter-se no poder, tendo que aceitar a nomeação do coronel de ordenanças José Rodrigues Jardim para a presidência de Goiás em dezembro desse mesmo ano.

Ao assumir a presidência, Rodrigues Jardim recebeu instruções para que os "brasileiros adotivos" fossem reintegrados em seus cargos, pois o governo regencial, após realizar uma devassa, anulou as deposições feitas pelo Conselho Geral.

Sobre a sedição goiana há uma menção no relatório apresentado, em 1832, pelo ministro da justiça, Diogo Antônio Feijó. Esse ministro, descrevendo o estado da segurança e da tranquilidade pública no Brasil, relata que o Pará, Maranhão, Ceará, Pernambuco, Bahia, Espírito Santo, Cuiabá e Goiás foram

> [...] as Províncias aonde mais extensivo foi o movimento revolucionário. Sedições manejadas por pessoas turbulentas e ambiciosas, reforçadas por militares, que aberrão no caminho do dever, e da honra tem sido em geral o genero de commoções que mais tem perturbado estas Províncias,

---

9   Sobre o conceito de capital ver: Bourdieu (2002, p. 187-190).

todas se acham presentemente em apparente tranquilidade.(*Brasil*, 1832, p. 1-2)

O relatório de Diogo Antônio Feijó, ao referir-se aos sediciosos como "pessoas ambiciosas" reforçadas por militares, corrobora com a inferência de que o cerne das perturbações políticas em Goiás eram as disputas por cargos e pelo poder e privilégios que lhes eram inerentes.

Os participantes da sedição: a "ponta da meada"

O "Povo e a Tropa" que exigiram a deposição dos chamados brasileiros adotivos, segundo as informações passadas ao Conselho Geral Administrativo, consistiam em um grupo formado de 120 pessoas que haviam participado do ajuntamento e assinado a representação solicitando as deposições. Mas quem eram essas pessoas? Que interesses representavam? Por que requeriam a deposição dos portugueses dos cargos públicos?

Tendo em vista os relatos das autoridades goianas, podemos deduzir que a "Tropa" era composta por soldados e oficiais de diversas patentes tanto da primeira linha quanto da segunda linha, que estavam estabelecidos na capital. A tropa da primeira linha incluía os militares que faziam parte do Batalhão n° 29, que desde o início da gestão de Lino de Morais estavam insatisfeitos com o modo como eram tratados por esse presidente, enquanto que a tropa da segunda linha era constituída pelos milicianos, que faziam a guarda da Cidade de Goiás e pertenciam ao Batalhão de Caçadores n° 135, comandado pelo coronel Felipe Antônio Cardoso.

No tocante ao "Povo", as informações que obtivemos são menos precisas e estão esparsas na documentação. Ademais, enfrentamos a dificuldade de esse conceito ser utilizado com diferentes sentidos ao longo dos oitocentos. De acordo com Luisa Rauter Pereira, após a independência, a palavra *povo* já aparecia como uma "identidade política coletiva". Todavia, para a elite brasileira havia uma clara "distinção entre povo e plebe". Os primeiros seriam os cidadãos proprietários e os últimos as classes populares (PEREIRA, 2009. p. 216-219). Assim pensavam os políticos "liberais moderados" da Corte, que advogavam na imprensa uma "concepção excludente de cidadania", diferenciando o "povo" da "plebe", os cidadãos ativos, dotados de direitos civis e políticos, dos cidadãos passivos (MOREL, 2006, p. 61-63).

O redator do *A Matutina*, Camargo Fleury, compartilhando da visão dos "moderados" fluminenses, também acreditava que a opinião a ser respeitada era a dos cidadãos ativos da Província. Partindo dessa premissa, Fleury desqualificava as pessoas que participaram da sedição, afirmando que, em sua maioria, era "gente tão insignificante" que, excetuando 16 ou 20 soldados da tropa de linha, apenas uns 20 poderiam votar nas eleições paroquiais. A base da argumentação do redator é que os sediciosos sequer poderiam votar e, portanto, não possuíam legitimidade para depor autoridades públicas (*A Matutina Meiapontense*, 14/01/1832, n° 281, p. 2).

Ora, embora o redator nos forneça indícios do perfil de alguns participantes da sedição, ao referir-se aos mesmos como "gente insignificante", é necessário desconfiar dessa descrição. Afinal, Camargo Fleury era partidário dos depostos e tinha firme intenção de desacreditar a sedição de 1831, chamando atenção para o caráter popular da manifestação. Contudo, um comunicado feito por Felipe Cardoso, em 15 de agosto de 1831, faz menção a participação ativa de "Negociantes" no movimento contra os portugueses (*idem*, 01/09/1831, n° 223, p. 4).[10] Essa informação é relevante porque confirma o caráter elitista da sedição, e também porque nos permite

---

10 Documento intitulado: Quartel do Comando Interino das Armas em Goyas. Ordem do Dia de 15 de agosto de 1831.

inferir que os dirigentes goianos, em determinados discursos, utilizavam o conceito de *Povo* num sentido bastante amplo, que incluía as elites e as camadas populares.

A participação das camadas populares que residiam na Cidade de Goiás na sedição de 1831 aparece em uma extensa carta anônima publicada no *A Matutina*. Esse anônimo, autodenominado *O Assignante*, argumenta que o comandante das armas, Felipe Cardoso, prometeu empregos aos soldados que participassem da sedição. Além dos soldados, teriam participado do movimento "alguns da populaça" que foram armados para constituírem o ajuntamento, o qual se ampliou devido à farta distribuição de "cachaça" que se ofereceu aos manifestantes (*idem*, 08/10/1831, nº 239, p. 1-3).

Nas correspondências publicadas no *A Matutina*, datadas do mês de setembro, também surgiram alguns nomes do *Povo*, que assinaram a representação para depor os brasileiros adotivos. Contudo, os ditos participantes do movimento afirmavam que foram enganados e que não sabiam o que estavam assinando, por essa razão reclamavam de volta a assinatura (*idem*, 04/10/1831, nº 237, p. 4).

Segundo o redator do *A Matutina* essas correspondências aos poucos esclareciam a situação e mostravam a "ponta da meada" sobre os acontecimentos de 14, 15 e 16 de agosto de 1831, tendo em vista que os assinantes alegavam terem sido chamados para assinar no dia 16, sendo a deposição datada do dia 14. Além disso, Fleury afirmou que a lista de requerentes incluía até mesmo crianças de 10 e 12 anos. Surpreendentemente, um indivíduo chamado José Damasceno de Oliveira, havia assinado duas vezes (*idem*, *ibidem*).

Na versão do redator do *A Matutina* a representação feita ao Conselho Geral pelos sediciosos foi forjada. Essa afirmação é reforçada pelas cartas publicadas no periódico, nas quais alguns signatários da representação diziam que foram enganados. Identificamos que, pelo menos, quinze pessoas queixaram-se do mesmo procedimento. Entre esses havia um padre, um agente da fazenda, dois oficiais de carpinteiro, um oficial de quarteirão, um guarda da contadoria, cinco militares e outros quatro indivíduos de ocupação desconhecida.

É interessante observar que os defensores dos depostos, bem como a opinião do redator do *A Matutina*, utilizavam quatro argumentos para invalidar a representação feita pelos sediciosos: o caráter ilegal da solicitação; a fraude na coleta das assinaturas; o baixo *status* social dos participantes (muitos dos quais sequer poderiam ser considerados cidadãos ativos) e a improcedência dos fatos que teriam desencadeado o movimento, qual seja, a informação de que Miguel Lino de Morais e outros portugueses estariam planejando ações contra os brasileiros natos.

Dentre as correspondências publicadas, nos chama particularmente a atenção a carta de um carpinteiro denominado José da Roxa, que trabalhava no sobrado de Felipe Cardoso e que fora chamado por esse comandante para, juntamente com outros trabalhadores da construção, assinar um "papel" na casa do juiz de paz. Após ter assinado, soube que era "para deitar fora, como deitarão, os homens bons da terra" para os quais devia "mil favores", por isso, queria manifestar publicamente que não tinha queixa contra os depostos (*idem*, 15/10/1831, nº 242, p. 2).

O companheiro de José da Roxa, Marcos Nunes dos Reis agravou as denúncias feitas contra Marques e Cardoso ao dizer que foi coagido a assinar duas vezes: primeiro para depor os portugueses e, numa segunda oportunidade, para testemunhar numa devassa que acusava o juiz de fora e o ouvidor, ambos depostos (*idem*, 03/11/1831, nº 250, p. 4).

Certamente, é preciso duvidar das informações contidas nas correspondências publicadas no *A Matutina*; no entanto, as acusações de que Felipe Cardoso era o líder da sedição são recorrentes em vários documentos. O conselheiro de governo Pedro Gomes Machado, por exemplo, embora condenasse o envolvimento de Cardoso nessa sedição, admitiu que a participação desse grande proprietário no movimento teve até certa positividade, pois evitou que a sedição se desencadeasse em assassinatos e roubos (*idem*, 03/11/1833, nº 383, p. 1-2).[11] Além disso, no que se refere à acusação de fraude na devassa relativa à sedição de 1831, este fato também não é de se causar estranhamento, haja vista que esse procedimento, além de servir para justificar as deposições, parece ter sido uma prática comum (GARCIA, 2009, p. 139).

Apesar dos acirrados debates gerados pelas deposições, no desenrolar dos acontecimentos, as acusações feitas contra os sediciosos se arrefeceram. Felipe Cardoso chegou a ser convocado pelo ministro da guerra, Manoel da Fonseca Lima e Silva, para ir à Corte se justificar perante a Regência, mas se recusou, alegando estar ocupado com as atividades do Conselho Geral. As autoridades goianas que não participaram da sedição não pareciam dispostas a causar grandes celeumas, talvez por temerem atiçar os ânimos exaltados na Cidade de Goiás ou, então, por terem sido beneficiadas com a saída de Lino de Morais.

A atitude inconteste ficou mais evidente, sobretudo, após a Regência devolver os empregos aos depostos e, habilmente, nomear para a presidência o coronel goiano José Rodrigues Jardim. Esse presidente, embora fosse situacionista, buscou adotar uma postura conciliatória durante seu longevo governo, que durou de dezembro de 1831 a março de 1837. Rodrigues Jardim deixou a presidência de Goiás para tomar assento no Senado. Seu sucessor foi o redator

---

11   Documento intitulado: Reunião do Conselho de Governo da Província de Goiás, de 25 de abril de 1832.

do *A Matutina*, o padre Camargo Fleury, outro expoente da facção situacionista.

Fazendo uma análise geral dos dados coletados sobre a sedição de 1831, podemos inferir que Felipe Cardoso e Bartolomeu Marques, atuando na administração provincial e, tendo ascendência sobre as forças militares de primeira e segunda linha, aproveitaram--se do clima de efervescência política no âmbito nacional e da insatisfação dos proprietários atingidos pela cobrança da décima dos prédios urbanos para afastar dos principais cargos públicos alguns dos seus adversários políticos, com o argumento de que os mesmos eram naturais de Portugal. Incitar o sentimento antilusitano, neste contexto, foi uma estratégia bastante recorrente em vários conflitos que estavam ocorrendo em todo o Império. Nesses conflitos, como confirmam os estudos de Gladys Sabina Ribeiro, percebe-se que o significado de *ser brasileiro* ou *ser português* possuíam sentidos diferenciados, ligados às questões locais. Questões essas que não se restringiam, meramente, às rivalidades entre nacionalidades diferentes (RIBEIRO, 2002, p. 59-74).

Isso pode ser observado no depoimento de Joaquim Francisco Gonçalves Ponce de Leão, que antes de ser transferido para Mato Grosso para ocupar o posto de ouvidor, enviou uma carta ao *A Matutina* onde afirmou que foi deposto do seu cargo em Goiás sob acusação de ser brasileiro adotivo, mas que, na verdade, fazia questão de esclarecer que era natural da Bahia (*A Matutina Meiapontense*, 06/09/1831, n° 225, p. 4). Como se pode notar, em Goiás, foram designados como portugueses e depostos em 1831, não somente os naturais de Portugal, mas todos aqueles agentes nomeados pelo governo Imperial, que questionaram a autoridade de algumas lideranças políticas locais e contrariaram os interesses econômicos dos proprietários provinciais.

A eclosão da sedição goiana foi o último episódio do conflito de jurisdição entre o comandante das armas e o presidente provincial, o qual foi fomentado após as disposições contidas na lei de 20 de outubro de 1823 (*Brasil*, 1823, p. 10-15). Essa lei retirou várias atribuições do governo das armas, centralizando e unificando o poder provincial nas mãos do governo civil, representado pelo presidente e pelo Conselho de Província. A partir de meados de 1830, o governador das armas passou a ter o título de comandante das armas (*Brasil*, 1830, p. 5). Ademais, a sedição de 1831 é representativa das tensões relativas ao processo da nacionalização da burocracia civil-militar que foi desencadeado após a Abdicação, tendo em vista que a principal alegação para a derrubada de Miguel Lino de Morais era o fato de esse presidente ser identificado com os interesses dos "portugueses".

A julgar pelas matérias publicadas no *A Matutina*, entre 1830 e 1834,[12] pode-se verificar que os conflitos políticos foram mais evidentes no ano de 1831, em Goiás. Esses conflitos, por estarem relacionados, sobretudo, às disputas por cargos no interior da Província, foram reduzidos na medida em que a facção situacionista, encabeçada por Rodrigues Jardim, ascendeu ao poder e conseguiu dominar a facção oposicionista. O fato de a Província ter sido administrada por presidentes naturais de Goiás durante todo o período regencial igualmente contribuiu para a extinção das manifestações antilusitanas, as quais estavam diretamente relacionadas aos conflitos de jurisdição e, sobretudo, ao descontentamento com a nomeação para os principais cargos públicos de pessoas que não residiam na Província.

---

12 As instalações do *A Matutina* foram vendidas, em 1836, para o governo provincial, que fundou, a partir de 3 de junho de 1837, o *Correio Oficial de Goiás*. Cf: Teles (1898, p. 24).

Enquanto fonte histórica, a leitura do *A Matutina* nos chama atenção porque, durante o pouco tempo em que circulou, esse periódico consistiu num hábil instrumento de ação política da elite dirigente goiana, especialmente da facção situacionista, que utilizou esse espaço para ganhar maior visibilidade no âmbito provincial e central. Embora fosse um instrumento de ação da facção situacionista, que apoiava o presidente da Província, *A Matutina*, para justificar a sua suposta imparcialidade, publicava também as matérias solicitadas pelos agentes que faziam oposição ao governo e que disputavam reconhecimento e ascensão política em Goiás.

Por ter sido o primeiro e único periódico goiano existente entre 1830 e 1834, *A Matutina* teve um papel fundamental na construção de identidades políticas no Brasil central no início do período regencial, porque colocou em circulação ideias que se coadunavam com o projeto de nação defendido pela facção liberal moderada da Corte.[13] Isso pode ser observado na linguagem utilizada nos artigos publicados no *A Matutina*, os quais pregavam a moderação, o respeito à lei, a unidade territorial e a manutenção do governo monárquico e representativo, condenando qualquer movimento considerado federalista ou anárquico.

A crença no poder que a imprensa possuía de formar a opinião pública e legitimar ou deslegitimar os governantes foi manifestada no discurso do próprio redator Camargo Fleury em 1831. Segundo esse redator, se o presidente Miguel Lino de Morais tivesse dado maior publicidade aos seus atos não teria padecido com a desconfiança pública (*A Matutina Meiapontense*, 16.8.1831, n° 216, p. 3). Para defender suas ideias e formar opiniões, *A Matutina* apropriou-se dos fundamentos liberais, ressignificou os sentidos das palavras e

---

13 Sobre o projeto político da facção moderada da Corte, ver: Basile (2006, p. 61-63).

O Oitocentos entre livros... 165

dialogou com os leitores, erigindo-se como um espaço de mediação política no interior da Província de Goiás.

Fontes

Impressas

BRASIL. Lei de 20 de outubro de 1823. Lei de 20 de outubro de 1823. Dá forma aos governos das Províncias, criando para cada uma delas um Presidente e um Conselho. *Leis da Assembléia Geral Constituinte e Legislativa de 1823*. p. 10-15. Disponível em: <http://www.camara.gov.br/interronet/InfoDoc/conteúdo/coleções/legislação/leimp-_80.pdf>. Acesso em: 01/05/2008.

BRASIL. Atos do Poder Legislativo. Decreto de 28 de junho de 1830. Declara quaes os títulos e jurisdição das autoridades militares nas províncias. p. 5. Disponível em: <http://www.camara.gov.br/Internet/InfDoc/conteudo/colecoes/Legislacao/leisocerizadas/Leis1830vILeg.pdf >. Acesso em: 03/10/2009.

BRASIL. Ministério da Justiça. Ministro Diogo Antônio Feijó. *Relatório do ano de 1831*, apresentado a Assembléia Geral Legislativa na sessão ordinária de 1832. p. 1-2. Disponível em: <http://brazil.crl.edu/bsd/bsd/u1822/000002.html>. Acesso em: 03/10/2009.

JORNAL. *A MATUTINA MEIAPONTENSE*, Meiaponte:Tipografia D'Oliveira, 1830-1834.

Manuscritas

ATA do Conselho Geral de Província de 1831. Arquivo Histórico de Goiás, Goiânia, Livro 169. Manuscrito. fls. 28.

CÂMARA MUNICIPAL. Relatório sobre o estado de opressão em que esteve a população do município com o governo anti-constitucional e inimigo do povo, e implorar a graça de ficarem isentos da décima dos prédios urbanos, datado de 22 de setembro de 1831. *Documentação* AVULSA. Arquivo Histórico Estadual de Goiás, Goiânia, Caixa 17, 1831. Manuscrito.

SECRETARIA DO GOVERNO. Proclamação por causa do assassinato do Ouvidor da comarca de São João das Duas Barras e dos pasquins que tem aparecido neta cidade, para serem expulsos dos seus empregos os Brasileiros adoptivos. *Registro de Editais, Bandos e Proclamas (1827-1832)*. Arquivo Histórico Estadual de Goiás, Goiânia, Livro 153. Manuscrito.

Bibliografia

BARBOSA, Marialva. *História cultural da imprensa:* Brasil – 1800-1900. Rio de Janeiro: Mauad X, 2010.

BASILE, Marcelo Otávio Neri de Campos. Projetos de Brasil e construção nacional na imprensa fluminense (1831-1835). In: MOREL, Marco et al. *História e imprensa:* representações culturais e práticas de poder. Rio de Janeiro: DP&A Editora, 2006. p. 60-93.

BOURDIEU, Pierre. A representação política: elementos para uma teoria do campo político. In: _____. *O poder simbólico.* 5ª ed. Rio de Janeiro: Bertrand do Brasil, 2002. p. 163-207.

BRASIL, Antônio Americano. *Pela história de Goiás.* Goiânia: Ed. UFG, 1980.

GARCIA, Ana Cláudia de Arquino. *O rastro e o laço:* o contrabando do boi no sertão dos goyazes (1830-1870). 2009. Dissertação (Mestrado em História) – Faculdade de Ciências Humanas e Filosofia, Universidade Federal de Goiás, Goiânia, 2009.

MOREL, Marco. Os primeiros passos da palavra impressa. In: MARTINS, Ana Luiza; DE LUCA, Tania Regina (orgs.). *História da imprensa no Brasil*. São Paulo: Contexto, 2008. p. 14-45.

_____. *As transformações dos espaços públicos*: imprensa, atores políticos e sociabilidades na cidade Imperial (1820-1840). São Paulo: Hucitec, 2005.

NEVES, Lúcia M. Bastos Pereira das. Opinião pública. In: FERES JUNIOR, João. *Léxico da história dos conceitos políticos no Brasil*. Belo Horizonte: Ed. UFMG, 2009. p. 181-202.

PEREIRA, Luisa Rauter. Povo/povos. In: FERES JUNIOR, João. *Léxico da história dos conceitos políticos no Brasil*. Belo Horizonte: Ed. UFMG, 2009. p. 202-224.

POCOCK, J. G. A. Introdução: o estado da arte. In: _____. *Linguagens do Ideário Político*. São Paulo: Edusp, 2003, p. 23-62.

RIBEIRO, Gladys Sabina. *A liberdade em construção*: identidade nacional e conflitos antilusitanos no Primeiro Reinado. Rio de Janeiro: Relume Dumará; FAPERJ, 2002.

TELES, José Mendonça. *A Imprensa Matutina*. Goiânia: Cerne, 1989. p. 24.; PINA, Braz de. *Goiás:* história da imprensa. Goiânia: Irmãos Oriente, 1971.

VIEIRA, Martha Victor. *Disputas políticas e jurisdicionais na província de Goiás:* a contribuição da elite dirigente goiana para a construção da ordem no Brasil Central (1821-1840). Tese (Doutorado em História) − PPGHIS/UFRJ, Rio de Janeiro, 2011.

Parte III

Livros, livrarias, missivas e poder no Império do Brasil

Os livros, a Livraria B.L Garnier e os modos de leitura de um político do Império

Beatriz Piva Momesso[1]

O interesse pelos livros

O jornalista Justiniano José da Rocha pronunciou em 1855 o discurso em que rompeu relações políticas com o gabinete conservador do marquês de Paraná. As palavras escolhidas para denunciar a política ministerial de favorecimento a certos jornais revelam a certa altura a opinião do autor acerca dos insuficientes hábitos de leitura e de estudo dos políticos do Império. Com certo desdém, ele discursou:

> Senhores, o homem que trabalha, que estuda no nosso país, não pode viver muito bem com os dominadores da época, há de resignar-se à sua sorte, porque os nossos velhos que estudaram em 1826 a 1832 contentaram-se com o que então estudaram, entendem que depois disso não há nada melhor... eles não estudam. Vai-se à casa da maior parte dos nossos estadistas,

---

1 Doutoranda do Programa de Pós-graduação em História Política da Universidade do Estado do Rio de Janeiro, com pesquisa intitulada "Letras, ideias e culturas políticas: os escritos de Nabuco de Araújo (1843-1876)", financiada por bolsa Faperj.

> com exceção de alguns que capricham em
> andar a par da ciência, e no seu gabinete
> se vê apenas uma estante deserta, às vezes
> dois guarda-louças pequenos com peque-
> nas brochuras, talvez esses relatórios que
> aqui se distribuem. (NABUCO, 1949, p. 207)

Nessa ocasião, Justiniano excluiu o jovem Ministro da Justiça
Nabuco de Araújo do grupo de incultos, ainda que não tenha deixado de inseri-lo no universo dos políticos que ofereciam propinas
aos jornais pró-governo. O jornalista elogiava o ministro e reprovava
os parlamentares que não estudavam e viviam somente da retórica
baseada nos conhecimentos intelectuais adquiridos há muito tempo,
na época da faculdade:

> Esses homens que não estudam, que não
> lêem nada, mas que têm uma memória e
> um ouvido muito felizes, quando qualquer
> rapaz como o nobre ministro da Justiça
> apesar de seus quarenta anos, quer fazer
> essas filistrias de regulamentos etc, dizem:
> -Não você não vai muito longe não tem
> licença de saber mais do que nós, é preciso
> conter-se. (*ibidem*, p. 207-208)

Nos escritos de Nabuco de Araújo é possível encontrar construções linguísticas de grande efeito retórico. Há, desde aforismos,
silogismos, expressões em latim e, sobretudo, a citação de autores
estrangeiros capazes de conferir autoridade ao discurso. Bentham,
Guizot, Troplong, Cícero, Macaulay são os homens públicos e pen-
sadores do governo citados nos discursos parlamentares. Até mesmo Santo Agostinho era usado no *Manifesto Centro Liberal* de 1869
(ARAÚJO, 1979, p. 49-50).

No famoso discurso *Ponte de Ouro* de 1853 a figura do círculo do inferno de Dante Alighieri era evocada para lembrar aos parlamentares da oposição a urgente necessidade de sair do círculo do inferno para adentrarem ao círculo da Conciliação, que deveria se alargar. Por meio de uma imagem da obra trecentista *A Divina Comédia*, o então senador por Pernambuco buscava a aproximação dos liberais praieiros sem, no entanto, abrir mão da autoridade do partido conservador na condução da situação política do país.[2]

Não há dúvida de que Nabuco de Araújo utilizava o mecanismo aludido por José Murilo de Carvalho, isto é, ele escolhia autores estrangeiros dotados de autoridade, por isso aceitos pelo público, e citava-os tendo em conta a ocasião propícia (CARVALHO, 2002, p. 144).[3] No entanto, a retórica usada pelo político em diversas situações profissionais parece ter um caráter mais além do instrumental. A nosso entender tratava-se de uma retórica renovada e com certa ênfase na organização dos conteúdos porque se baseava na leitura frequente e continuada de livros e revistas. Leituras que por vezes, terminavam na cópia e comentário do autor escolhido. Ainda que tivesse por fim o convencimento, a retórica empregada por Nabuco era antecedida pela preparação escrita e, portanto, por certo estudo.

As construções retóricas poderiam ter sua origem na sua biblioteca particular. É possível ter acesso à biblioteca de Nabuco, através do resumido inventário datado de 1866. Mas, o fato de possuir uma biblioteca não significa necessariamente que seu proprietário fosse

---

2   *Annaes do Parlamento Brazileiro-Camara dos Srs. Deputados*. Sessão de 6 de julho de 1853. Rio de Janeiro: Typographia de H. Pinto, 1853, t.1, p. 436.

3   Nesse artigo o autor aborda o *studium generale* dos jesuítas e de Pombal em relação com a formação retórica. Contudo, trata do desenvolvimento da oralidade na retórica desvinculada da elaboração e da investigação científica. Portanto, para Carvalho, a retórica, em sentido *strictu*, não tem a ver com ciência.

um forte adepto da leitura. Os livros bem poderiam ter sido presenteados ou adquiridos a fim de exibir um verniz de ilustração. Afinal, como afirmou Tânia Bessone, fazer alusões a títulos literários europeus nos salões ou na vida política era um quesito para o desenvolvimento de boas relações sociais e profissionais com seus pares (FERREIRA, 1999).

Contudo, é possível verificar uma notável voluntariedade neste ato de comprar livros. Algumas fontes primárias demonstraram que, em mais de uma ocasião, o magistrado e jurisconsulto comprou livros e revista nacionais e importados. No *Instituto Histórico e Geográfico Brasileiro* encontram-se pelo menos três dessas fontes: a *Agenda do Conselheiro Nabuco de Araújo*, datada de 1876, que acusa os gastos anuais com livros e revistas importados; a *Nota de Pagamento emitida pela Livraria e Gabinete de Livros Pinto e Waldemar* de 1856 e, finalmente, a *Nota de Pagamento emitida pela Livraria B.L Garnier,* de 1872. Sem dúvida, este último constitui o documento mais extenso e rico em informações a respeito das obras adquiridas.

Assim, o presente artigo propõe-se a pensar nos padrões de compra de livros e na relação entre os títulos adquiridos por Nabuco de Araújo entre 1867-1872 na *Livraria B.L Garnier* e sua atividade intelectual e profissional no período correlato.

Nabuco e a *Livraria de B.L Garnier*: livros que inspiraram a política

A Livraria *de B.L Garnier,* localizada na Corte, constituiu a maior fornecedora de livros e, porque não dizer, de ideias para a composição dos discursos do ilustre político. Instalada na Rua do Ouvidor, desde 1844, anunciava de modo habitual no *Jornal do Commércio* e elaborava catálogos contendo as mais recentes publicações europeias. Os catálogos geralmente ofereciam livros publicados em língua francesa, incluindo autores de outras nacionalidades e estavam divididos por assuntos (DUTRA, 2010).[4]

Nabuco foi um exemplar cliente da *Livraria de B.L Garnier,* na década de 1860. Vários dos livros contidos na sua biblioteca particular possivelmente foram adquiridos no estabelecimento.[5] A Nota de Pagamento emitida pelo estabelecimento e destinada a José Thomás Nabuco de Araújo tem inicio com a anotação da dívida de 4:081$880 relativa ao período anterior a junho de 1867. Não foram encontradas as notas anteriores a 1867, por isso não foi possível conhecer os títulos da obras compradas antes desta data. Este, porém, é um importante indício acerca de um chamativo padrão de consumo de livros pelo político e burocrata já nos anos anteriores a 1867. O documento lista as aquisições feitas entre dezembro de 1867 e março de 1870. Naquela ocasião, em um período de vinte e sete meses, Nabuco comprou 84 obras, o que resulta na média de 3,11 obras por mês. Sendo ainda, que deste total 59 ou 70,24% delas foram adquiridas no ano de 1868. É importante considerar que este levantamento inclui obras compostas muitas vezes por 5 ou 7 volumes. Além disso, uma mesma obra poderia ser composta por duas unidades de livros.

A breve análise sinaliza para o fato de que Nabuco fazia parte de uma minoria de brasileiros leitores. No início da década de 1870, 84,2% da população era analfabeta e apenas 15,8% eram

---

4   Para saber mais sobre a história das livrarias nos três últimos séculos, ver: Machado (2012).

5   Ver: Instituto Histórico e Geográfico Brasileiro. *Inventários de livros, jornais e mobília existentes no escritório do conselheiro Nabuco de Araújo, anos 1862-63 e 66.* Rio de Janeiro, s.d. A partir de agora será usada a sigla IHGB. O cruzamento entre o inventário da biblioteca particular e a lista de compras bibliográficas revela títulos similares.

alfabetizados.[6] Aqueles que liam ou pertenciam ao grupo dos profissionais liberais, um segmento de renda média que frequentava bibliotecas públicas, incluindo a Biblioteca Nacional; ou pertenciam ao grupo dos burocratas do Império, menos presentes nas bibliotecas públicas. Afinal, os funcionários do governo detinham um maior poder aquisitivo que lhes possibilitava a compra de livros importados (FERREIRA, 1999). No entanto, a partir da segunda metade do século XIX registrou-se uma crescente exportação de livros para o Brasil. Os ingleses eram os maiores exportadores do artigo, seguidos dos franceses (ABREU, 2011).

Mas, qual a real importância atribuída por Nabuco de Araújo aos livros? Para responder à pergunta é imprescindível investigar com certa atenção o montante gasto nas compras nessa livraria. Em junho de 1867, Nabuco tinha um débito de 4:081$880, que foi acumulado e expandido nos anos seguintes, alcançando o montante de 5:260$260. Pela observação da nota de pagamento reproduzida no Anexo 2, nota-se que a dívida começou a ser saldada, parcialmente, em 1868, quando o Conselheiro pagou 600$000 réis. Em 1870, foi registrado um pagamento de 1:000$000 no mês de dezembro. Finalmente, em 1872, foram efetuados três pagamentos para a *Livraria B. L. Garnier* nos meses de janeiro, junho e outubro nos valores de 1:5000$000, 500$000 réis e 1:510$260, respectivamente. A dívida foi, então, quitada.

Os vencimentos anuais de Nabuco no período de 1867 a 1870 eram de 12:000$, relativos a sua aposentadoria como senador. Maria Fernanda Viera afirmou que essa era a principal fonte de renda do político àquela altura (MARTINS, 2005, p. 146). Tendo em vista o

---

6   Instituto Brasileiro de Geografia e Estatística. Estado e população: classificação segundo o grau de instrução. *Repertório estatístico do Brasil*: quadros retrospectivos no 1.

mesmo período é possível perceber que ele empregou aproximadamente 11% do seu salário anual como senador aposentado, na compra de livros importados pela *Garnier*. Ele pagou em seis prestações as compras realizadas em mais de seis anos. Talvez, porque tenha adquirido muitos livros em 1868, precisou de mais tempo para saldar completamente sua dívida.

Mas, por que o padrão de consumo verificado foi maior para o ano de 1868? Ao que parece a resposta reside na intensa atividade profissional exercida pelo então conselheiro Nabuco de Araújo. O envolvimento como relator dos trabalhos encomendados pelo imperador no tocante ao Projeto de Lei para a Emancipação Gradativa, desde 1866, demandava-lhe tempo e muitos argumentos retóricos nas reuniões do Conselho de Estado. Além do trabalho burocrático encomendado pelo Imperador, o momento era marcado por uma nova conjuntura política que manteve Nabuco inquieto e ativo. Instaurara-se um novo Gabinete Conservador e o conselheiro descontente fundou, juntamente com Zacarias de Góis e Vasconcellos, o Centro Liberal em 3 de outubro, congregando antigos liberais como Teófilo Ottoni e Antônio Pinto Chichorro da Gama. No ano seguinte escreveu o *Manifesto Centro Liberal*.

O manifesto que marcava a fundação de um novo partido, após a Dissolução da Liga Progressista, foi articulado especialmente por Nabuco de Araújo e continha 53 páginas impressas. O documento citava passagens e ideias de Guizot, Benjamim Constant e nomes como Lafferrieri e Serrigny, importantes juristas formadores da ciência do direito administrativo francês. As sentenças escritas em forma de máximas no Direito Romano e as expressões em latim como *ubinam gentium sumus* ou *verbo et gratia* ilustravam os argumentos do texto e defesas políticas com marcas constitucionalistas (ARAÚJO, 1979, p. 52-57).

Os catálogos da Garnier, bem como a rica lista de títulos bibliográficos da posse de Nabuco de Araújo comprovam que não era difícil para um brasileiro com seu poder aquisitivo comprar obras estrangeiras. Encontravam-se disponíveis obras em francês, italiano, português e algumas em inglês. No contexto dos finais da década de 1860 e inícios de 1870 a exportação de livros ingleses e franceses para o Brasil não era algo incomum, já que esses países dispunham, naquela altura, de um espetacular potencial industrial no tocante à produção gráfica (ABREU, 2011, p. 124-125).

O leitor poderia encontrar, na penúltima página de cada catálogo, uma lista de classificação por assunto de todos os catálogos produzidos pela Garnier no respectivo ano. Provavelmente, haveria uma hierarquia que regia a lista considerando a ordem de importância dos temas, uma espécie de ordem dos livros. A erudição, o uso das obras para a formação profissional e os graus de consumo seriam os critérios usados para organizar a lista.[7]

A análise mais atenta à ordem dos livros no catálogo da *Garnier* leva o historiador a pensar que o critério hierárquico usado para classificação dos assuntos era, em primeiro lugar, a disponibilidade das publicações e o padrão de compras. Por isso, lê-se no número 1 da lista Livros dos quais é editor *B.L Garnier* e outros que se acham em grande número na mesma livraria. Em segundo lugar, aparecem os assuntos: "literatura, novela, romances, narrativa, critica literária, poesia, peças de teatro, etc."[8] Tal ordem demonstra que as publicações de cunho narrativo e poético eram muito apreciadas pelos leitores brasileiros.

---

7   A ordem dos catálogos da *Garnier* pode ser observada no Anexo 1.

8   Biblioteca Nacional. *Catalogue de La Librarie de B.L Garnier,* n° 10. Rio de Janeiro, s/d. p. 135. A partir de agora BN.

Os livros de Direito em português e latim, bem como os de Legislação Política, Administração, Economia Política, Comércio ocupam o número 4 na ordem dos catálogos. Já os livros em francês, versando sobre a matéria, estão listados no número 8. Mas, na ordem dos livros importados em francês, as obras úteis a juristas e burocratas, como Nabuco, são as primeiras que encabeçam a lista, o que indica grande grau de procura. São elas: *Droit, Législation, Jurisprudence, Administration, Systême Pénitentiaire, Diplomatie, Règlements Consulairs, Traités internaux, Documents divers.*[9]

O catálogo acima citado, de número 8, possivelmente foi o mais consultado por Nabuco de Araújo. Ele organizou sua própria "ordem dos livros" especialmente no ano de 1868, como já foi visto um ano muito intenso na sua vida política. Naquela ocasião, ele elegeu, predominantemente, livros que abordavam temas relacionados às questões confrontadas no dia a dia de sua atividade ministerial ou simplesmente partidária. Eliana Dutra assinala que o estudo de catálogos permite compreender a penetração das leituras no patrimônio intelectual do Brasil no século XIX (DUTRA, 2010, p. 68). Nesse sentido, o estudo dos livros escolhidos por Nabuco de Araújo contribui para o entendimento de tal patrimônio, a partir de uma perspectiva individual, mas que aponta para o coletivo, na medida em que as ideias contidas nos livros superaram a esfera privada e transformaram-se em discursos parlamentares, artigos de jornais e documentos ministeriais.

A tabela a seguir considera a distribuição dos títulos dos livros adquiridos por Nabuco de Araújo na *Garnier* quanto ao gênero.[10]

---

9   *Ibidem.*

10   O anexo 2 contém a lista completa dos livros adquiridos por Nabuco de Araújo na Livraria de *B.L Garnier entre* 1867 e julho de 1870.

Tabela 1 – Obras adquiridas na *Livraria B. L. Garnier:* Gênero

Gênero	Nº de títulos	Porcentagem
Livros Jurídicos	28	33,33%
Anais do Parlamento e do Senado	4	4,76%
Pensamento Político	4	4,76%
Economia e Administração	6	7,14%
Livros de História	8	9,52%
Romances	20	23,81%
Atlas	1	1,19%
Dicionários e Gramáticas	3	3,57%
Almanaques	4	4,76%
Literatura Religiosa	1	1,19%
Manuais Vários	3	3,57%
Livro de Lembranças	1	1,19%
Jornais – coletânea *La Lanterne*	1	1,19%
Total	84	100,00%

Fonte: IHGB. *Nota de Pagamento emitida pela Livraria B.L. Garnier1867-1870.* Rio de Janeiro, 1872.

Os livros versando sobre matérias profissionais predominavam na preferência de compras. São listados códigos e manuais portugueses, como: o *Código Commercial Português, Consolidação das Leis, Código Criminal* comentado por Cordeiro, *Código Penal* de autoria de Azevedo, *Livro do Direito Civil* de autoria de Rocha, entre outros.[11] Os franceses ocupavam lugar predominante entre as obras de interesse profissional. O título *Droit Civil Français-5 v*, aliás, já aparecera na lista dos livros adquiridos em outras livrarias e reapareceu na

---

11 Na nota de pagamento emitida pela *Livraria Garnier* percebe-se que o sobrenome do autor foi colocado antes do nome do livro para discriminar a mercadoria adquirida. Como não se usasse a vírgula, a autoria e o título praticamente se confundiam. Por um lado, este poderia ser um procedimento de cunho prático para abreviar a escrita da nota de pagamento. Por outro, era um modo de destacar o sobrenome do autor para identificar com exatidão o livro adquirido. Um exemplo dessa escrita: Azevedo Código Penal. Ver Anexo 2.

lista da *Garnier. Etude sur le code penal* de autoria de Blanche, organizado em 3 volumes, era um clássico do século XIX, que ainda hoje faz parte da bibliografia dos cursos jurídicos franceses.

As mercadorias mais caras compradas na Garnier eram os livros de direito de Raymond-Théodore Troplong e de Desiré Dalloz. No tocante ao primeiro autor, Nabuco adquiriu por 18$000 os dois volumes da obra *De la Prescription* e por 36$000 os quatro volumes da obra *Donations*. Em 1871, Troplong, escritor, jurista e político francês foi citado de modo estratégico no discurso impresso de Nabuco de Araújo em prol da aprovação da Lei da Emancipação Gradativa. Naquela altura, Nabuco tentava impedir o pagamento de indenizações por parte do governo aos proprietários escravistas e, para tal, recorreu a uma retórica baseada em argumentos jusnaturalistas. Apoiando-se nos argumentos filosóficos do autor jusnaturalista, disse Nabuco:

> Qual é, senhores, a propriedade de direito natural? Facilmente ocorre que é aquella que tem por objeto a natureza inanimada e a natureza não inteligente na qual o homem pode imprimir sua personalidade, que elle pode modificar para seu uso e usar della como quizer. Nesse caso não está a propriedade de escravos. A propriedade diz TROPLONG tem por condição que seu objeto somente sejam as cousas e jamais as pessoas.[12]

O apreço e interesse de Nabuco pelas obras da Editora Dalloz é evidente. Ele encomendou o *Recueil Dalloz*, no ano de 1868, à

---

12 IHGB. *José Thomás Nabuco de Araújo, 26 de setembro de 1871 a favor da emancipação gradativa.* Rio de Janeiro, 1871, p. 6.

Livraria B.L Garnier, no valor de 25$000, e também um *Dalloz Jurisprudence* (1866-1867), no valor de 50$000, sendo esta a mais cara compra registrada na *Garnier*. Os dados biográficos do fundador da Editora tornam possível perceber o teor da publicação: Desiré Dalloz (1795-1869) destacou-se, não só pelos trabalhos parlamentares, apoiando a Casa de Orléans, mas também pela fundação da Editora Dalloz, juntamente com seu irmão Armand. A Dalloz existe ainda nos dias atuais e continua publicando especialmente índices e resumos de decisões judiciais francesas.[13]

O Catálogo da Livraria de *B. L Garnier* fornece o conteúdo descritivo da obra: "DALLOZ (Ainé): Jurisprudence générale ou répertoire méthodique et alphabétique de législation de doctrine et de jurisprudence em matière de droit civil, commercial, criminel, administratif, de droit des gens et de droit public. 44 vols".[14]

Entre os franceses destacam-se também livros sobre economia, política e administração como os títulos a seguir: *Leur meilleure forme de gouvernement; Situation Monétaire; Annales du Sénat* tomo 7-10, 2 vols, 1867; *Faillites Banque Soto* de autoria de Renoir; *Cours de Code de Napoléon t.20-21*, de Charles Demolombe. A perspectiva de buscas de soluções para as questões de Estado alargaram o horizonte de Nabuco de Araújo, levando-o a adquirir livros de Direito italiano e espanhóis como os listados na compra da Garnier: o *Código Penal Espanhol* organizado por Pacheco em 3 volumes e traduzido para o português e

---

13 A fundação oferece um site onde é possível consultar documentos jurídicos franceses atuais e também dos séculos anteriores. Disponível em: htttp://www.dalloz.fr/reserche. Acesso em 9/10/ 2012.

14 BN. *Catalogue de La Libraire de B.L Garnier*, nº 8..., *op. cit.*, p. 16. Na tradução para o português: DALLOZ (Antigo): Jurisprudência geral ou repertório metódico e alfabético de legislação de doutrina e de jurisprudência em matéria de direito civil, comercial, criminal, administrativo, de direito da pessoa e de direito público. 44 vol.

o *Code Civil Iitalien* escrito em francês. Entre os ingleses, destaca-se o utilitarista Bentham com a obra *Théorie des peines et des recompenses.*

A partir das ideias de Jeremy Bentham, o então ministro Nabuco de Araújo planejou o sistema penitenciário do Império. Implantou no Brasil o modelo de cadeia conhecido como Panótipo, aquele em que é possível o contacto visual e a maior vigilância do detento (PERROT, 2000, p. 116). Também construiu a Casa de Detenção no interior da Casa de Correção e, por fim, proibiu a aplicação de castigos corporais aos detentos, considerando que certos castigos eram contraproducentes.[15]

Bastante chamativo é o título em francês *Faillites Banque Soto.* O livro, ao que tudo indica publicado na França, trazia como tema um dos mais discutidos casos na História Econômica do Império Brasileiro: a falência da Casa Soto, em 1864. O banco entrou em crise após a diminuição das exportações de café e, embora tenha obtido ajuda parcial do governo, teve um empréstimo final negado pelo Banco do Brasil, fato que o obrigou e fechar as portas e gerou, por sua vez, outras falências até o fim do ano de 1865. A publicação indica que o caso tornou-se importante a ponto de ganhar edições francesas que discutiram o assunto. Nesse mesmo ano, Nabuco tornou-se ministro da Justiça e teve que administrar questões tangentes ao assunto.[16]

Os dicionários e o *Gauthier Atlas* adquiridos por Nabuco confirmam uma tendência verificada entre os leitores da segunda metade do século XIX, leitores do catálogo da *Garnier.* Em quantidade

---

15 Tais projetos penitenciários, bem como a resolução sobre a aplicação de penas e castigos no Brasil Imperial durante sua gestão como ministro, podem ser conhecidos pelo documento impresso: *Regulamento para a Casa de Detenção estabelecida provisoriamente na Casa de Correção da Corte.* Rio de Janeiro, Typ. Imp.e Const. De J.Villeneuve, 1856.

16 Para entender melhor o desenrolar da falência, ver: Guimarães (1997).

extremamente inferior aos livros de teor profissional comprados pelo político, a aquisição deste tipo de obra conferia *status* cultural às bibliotecas e aos seus donos. O saber cartográfico encontrava--se muito difundido e a *Garnier* caprichava na estética das edições nos fins da década de 1860. Ainda que Nabuco não consultasse nenhuma dessas obras, o que parece improvável, era inconcebível que sua ampla biblioteca não dispusesse delas. A necessidade de buscar soluções nos livros se alinhava ao *status* que eles conferiam. As gramáticas, por sua vez, conferiram precisão e qualidade ao discurso.

No que se refere à compra de romances e livros de História, ação observada exclusivamente na lista de compras de Nabuco à Garnier, foram encontrados os seguintes títulos e seus autores: *Faust* de Goethe; *Jerussalemme Liberata* de Tasso; *Paris et les parisienses,* de Alexandre Dumas (pai); *Les Casaques,* de Feval; *Figuier savants du moyen age in doré e Figuier savants de la renaissane in doré,* obras editadas por Pierre Larousse; *Comte Kostia* 3 vols. e *Genéve,* de V. Cherbuliez; *Historie de la Prusse,* de Eugene Verón; *Paraguay Moderne,* de Poucel; *História da Guerra Civil em Portugal,* de Luciano e *Bals des Victimes,* obra dos irmãos Goncourt.

O *Catalogue de La Libraire de B.L Garnier* comenta brevemente alguns desses títulos adquiridos por Nabuco de Araújo. O catálogo data, provavelmente, do início da década de 1870. A respeito da obra de Benjamim Poucel intitulada *Le Paraguay Moderne,* adquirida por Nabuco em maio de 1868, informa tratar-se de um ensaio político que contém ensinamentos históricos, geográficos e estatísticos. Sobre a obra *Genéve* de Cherbuliez, o catálogo elucida que o livro é um esboço histórico e literário que trata de: "*ses institutions, ses moeurs, son développement intellectuel et morale*"

Os livros de história cumpriam uma função informativa e útil ao exercício da retórica para Nabuco de Araújo. Em seus discursos, ele

O Oitocentos entre livros... 185

lançava mão dos exemplos e experiências históricas de outros países.
Ele citava, por exemplo, fatos ocorridos na Inglaterra, na Prússia e na
França, ao tratar de temas como a eliminação de castigos corporais
nas prisões e ao discorrer sobre a separação entre Estado e a Igreja.[17]
A título de exemplo, vê-se a máxima no item *Ley Hipotechecaria* escrita em seu caderno de notas: "Comparar a nossa com a da França
e da Bélgica!".[18]

A escolha de livros tratando dos atos memoráveis de grandes
heróis da história medieval e do renascimento funcionariam como
meio para o aprendizado de estratégias políticas. Até mesmo os romances históricos baseados em argumentos verossímeis funciona-
vam como suporte para o conhecimento do passado, de onde se
retiraria a experiência necessária para a vida presente. Para Nabuco,
a história mostrava-se como *magistra-vitae,* isto é, a história era útil
para ensinar, a partir da experiência de outros, àqueles desprovidos
de certas vivências (KOSELLECK, 2006, p. 41-60).

A análise da Tabela 1 corrobora a afirmação anterior. Nota-se
que os livros contendo informações factuais, estatísticas e geográficas
foram diferenciados dos chamados romances históricos, uma literatura com personagens fictícios e cenários históricos reais. Contudo,
os romances históricos também poderiam exercer certa função di-
dática para a elucidação dos fatos, tornando o passado útil para o

---

17 Um exemplo é o discurso: IHGB. *Questão Religiosa. Opiniões de Nabuco de
    Araújo, Francisco Otaviano e Dias da Cruz (recortes de jornal) e notícias acerca das
    relações entre Igreja e Estado 1873-74.* Rio de Janeiro, 1874.

18 Nabuco dispunha de um caderno de notas organizado em ordem alfabé-
    tica que funcionava como uma espécie de ajuda para sua memória. Muito
    conhecido e utilizado por personagens como Balzac e Montaigne era
    chamado na época moderna de *aide-mémoire.* A fonte aparece nomeada
    nos Arquivos do Senador Nabuco como: IHGB. *Suplemento às Opiniões do
    Conselheiro Thomas Nabuco de Araújo. Caderno de notas e extratos de discursos.*
    Rio de Janeiro, 1843-1862.

aprendizado do presente. Um exemplo é o romance *Bals des victimes,* de Ferrail: adquirido por Nabuco em 1869. O livro conta a história de famílias cujos membros foram vítimas do Terror na Convenção Nacional Francesa, e por isso formaram uma espécie de sociedade promotora de festas nos salões. Nesses eventos, recordavam-se, através de simbolismos dos trajes e penteados, os horrores do Terror.[19] É clara a intenção moral desta obra para o leitor: demonstrar o quanto os governos radicais colocam em risco o exercício da cidadania. A lição serviria não só para os leitores franceses do final do séc. XVIII. Os brasileiros do segundo reinado também poderiam aprender com o livro.

As obras dos filósofos ilustrados não integravam a lista de compras de Nabuco de Araújo na *Livraria B.L Garnier* na segunda metade do Oitocentos. No inventário do Ministro da Justiça há apenas três exemplares do jurista francês Montesquieu[20] Contudo, ler livros iluministas não constituía crime no Brasil desde 5 de junho de 1821, quando D. Pedro I foi obrigado a jurar sobre as bases da Constituição portuguesa que proclamava a liberdade de imprensa naquela data. Além disso, às vésperas da independência, os panfletos iluministas circulavam no Brasil (NEVES, 1999). Nessa conjuntura, é possível concluir que Nabuco não lia iluministas simplesmente porque não tinha interesse por esse tipo de leitura. Livros com tal orientação filosófica eram legais, mas estavam fora do cânone aceito pelos grupos dirigentes.

Citações iluministas eram inadequadas e inúteis para os propósitos políticos que se apresentavam para a geração de burocratas à qual pertenceu Nabuco, fossem eles liberais ou conservadores. No fim da

---

19 Cf. Schechter (1998).

20 IHGB. *Inventários de livros, jornais e mobílias existentes no escritório do Conselheiro Nabuco de Araújo…, op. cit.*

década de 1860, Nabuco tornou-se liberal juntamente com Zacarias de Góis e Vasconcelos. No entanto, os dois não questionaram a legitimidade do sistema monárquico. Suas críticas concentraram-se no predomínio do Partido Conservador.[21] Como tantos outros de sua geração, eles dependiam de empregos públicos no interior do aparato político-administrativo do Império do Brasil e, por isso, os ideiais ilustrados eram impróprios para a elaboração de seus discursos e defesa de seus projetos.[22]

Vale lembrar que o catálogo circulante da *B.L. Garnier*, nesta época, não oferecia tampouco uma portentosa literatura da ilustração.[23] A comunidade de leitores se apropriava dos livros de modo peculiar a partir de uma leitura orientada por sua formação ideológica. Apesar da transformação do conteúdo apreendido pela leitura, havia, sem dúvida, um elenco de livros adequado para cada perfil destas comunidades.[24]

---

21 O programa político escrito por Nabuco e Zacarias, no momento da fundação do novo partido, plasmou as críticas aos conservadores. Ver: Araújo (1979).

22 A ideia de relacionar a geração à qual pertenceram os homens do governo imperial e seus ideais políticos, aqui utilizada para explicar em parte a atuação de Nabuco, é abordada no seguinte texto: Carvalho (2007).

23 O Catálogo da *Garnier* intitulado *Pensamento Político* contém poucas obras de Voltaire e de Rousseau; por outro lado, Bentham, Cícero e Troplong merecem destaque. Essa parece ser uma tendência dos livros circulantes nas livrarias brasileiras da Corte da segunda metade do Oitocentos, especialmente no período anterior a 1870, quando ainda não existiam as edições mais populares.

24 Roger Chartier usa a expressão "comunidade de leitores" para tratar de parâmetros de leitura e apropriação de conteúdos. Ver: Chartier (1994, p. 13).

Conclusão: livros numa conjuntura de espaço de experiência e horizonte de expectativa

A retórica de Nabuco de Araújo era organizada através da leitura de publicações especializadas na área do Direito e da Filosofia Política. Contudo, não se tratava de uma retórica superficial, ainda que adaptada às diversas ocasiões. Nabuco estudava por conta própria e buscava nos livros exemplos e conteúdos que servissem para pensar o seu presente político. Um período de trabalho intenso na vida política, como foi o final da década de 1860, especialmente o ano de 1868, coincidiu, não por acaso, com um momento de crescente compra de livros.

Os argumentos jusnaturalistas utilizados em seus discursos e artigos em prol da emancipação gradativa (1871), bem como as ideias utilitaristas de Bentham, presentes no projeto para a construção da Casa de Detenção, ilustram tal operação. As escolhas de livros relacionavam-se diretamente ao exercício de sua atividade profissional e à temática de seu presente. A leitura, o estudo e a apropriação de ideias de autores faziam parte da atividade burocrática do político e eram operações carregadas de intencionalidade. Os livros e revistas adquiridos, provavelmente foram submetidos a um critério de seleção. A escolha de livros para compor um acervo particular pode adquirir um sentido teleológico. Quentin Skinner (1999) tratou da intencionalidade do autor, mas no caso do político e jurisconsulto, porque não falar da intencionalidade do leitor, uma vez que a compra dos livros constituiu uma ação voluntária, dotada de finalidade. O sentido último dos livros para Nabuco era a busca de informações que o ajudassem na resolução de problemas políticos que lhe eram confiados pelo governo imperial.

A atividade intelectual do burocrata é comprovada pelo montante considerável de gastos voluntários nas compras na *Livraria B.*

L. Garnier e pelas anotações, compilações e glosas de autores existentes em seus manuscritos. As cópias das passagens das obras lidas em cadernos pessoais ou folhas soltas demonstram o esforço do estudo e a compreensão de ideias úteis para preparar um novo horizonte de expectativa para o Império, segundo a expressão de Koselleck (2006). Esse "horizonte de expectativa" abrangia a questão da cidadania após o fim da escravidão, o funcionamento do sistema penal numa conjuntura de crescimento populacional, o problema dos casamentos mistos e civis com a crescente entrada de imigrantes. Por isso, para entender o que ele escreveu, deve-se buscar o que ele leu, em que circunstâncias e o motivo que o convidou à leitura.

Na medida do possível, seria necessário levar a cabo outros estudos do mesmo gênero, versando sobre outros políticos do império a fim de investigar o grau e os modos de penetração e transformação das ideias contidas nas suas leituras, em seus escritos autorais e, finalmente, no desempenho da própria atividade política.

Anexo 1 – Catálogo da Livraria de B.L Garnier para o ano de 1869

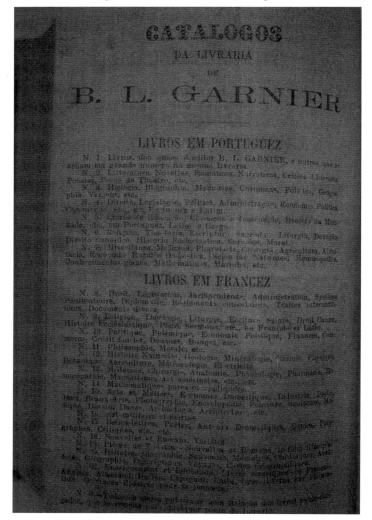

Fonte: BN. *Catalogue de La Libraire de B.L Garnier*, n° 10. Rio de Janeiro, s.d.

Anexo 2 – Livros importados da Livraria B.L Garnier 1867-1870

Ano-mês	Dia	Descrição	Quantia
1867- junho	30	Transporte da conta entregue	4.081880
Dezembro	16	Rochefort Les français de la décadence	2500
``		Almanach 1868	500
1868-janeiro	18	Almanach de Paris 1868	7000
		Leur Meilleure forme de gouvernement	5000
		Demeur Questions Constitutionnnelles	7000
		Hodossorki Situation Monétaire	17000
		Martineau Des Conseils Généraux	8000
		Annales du Sénat tomo 7ª 10 tem 2 vol. 1867	30000
	21	Goncourt Manette Salomon 2 li	5000
Fevereiro	11	Ribeiro Sasso de Frazão ★	8000
	13	Cherbuliez Le Comte Kostia 3 v	2500
	27	Annuaire d'Économie politique 1867	8000
		Almanach de Gotha 1868	8000
Março	3	Birot Manuel des ponts et chausses	10000
		C.Telles Digesto portuguez 4 v	20000
		Carneiro Direito Civil 4v	20000
		Rocha Direito Civil 2 v	15000
		Mellic Opera 7v	28000
		Labão Notas e Mello 4v	28000
		Consolidação das Leis 1v	15000
		Zacharica Le Droit Civil Français 5v	40000
		Bentham Théorie des peines et des récompenses	12000
		A transportar (total primeira folha da nota)	4:378380
Março	3	Rogron Codes français expliqués 2v	42000
		Ordenações do Reino 3v	18000
		Cordeiro Codigo Criminal 1 v	4000
		Ortolan Droit pénal 2 v	16000
		Azevedo Código Penal 1 v	5000
		Ferrão Direito Penal 8 v	32000

		Tributiero Droit Criminel 2 v	16000
		Rossi Droit Pénal 2v	15000
		Blanche Études sur le code pénal 3v (sic.)	27000
		Idem t.3	9000
	25	Ferrail Compagnons de l'amour	3000
	28	Goethe Fauste (sic.)	5000
Abril	8	Petrucci Rimas	5000
		Tasso Gerusalemme Liberata	5000
		Dumas Paris et les parisiens	25000
		Lacerda Dicionário inglez portuguez	32000
	13	Féval Les Cosaques	3000
	17	Renan Vie de Jésus	1500
	23	Feuillet Monsieur de Camors	3000
	25	E. Laboulaye La Prince-Caniche	4000
Maio	25	Armengaud Les Reines du monde en doré	50000
		Figuier Savants du Moyen Âge en doré	15000
		''de la Renaissance en doré	15000
		Archives parlementaires t.11	18000
		Pacheco Código penal espanhol 3 v	36000
		L'd' hauranne Gouvernemment parlementaire t 7.8	14000
		Luciano Historia da Guerra civil em Portugal 2 vol.	20000
		Huc Le Code civil italien et Le code Napoléon 2 v	18000
		Roger De La Lande Histoire de la Prusse 2v	5000
		Verón Histoire de la Prusse	5000
		A transportar –mudou de página	4:844880
1868-maio	25	Cherbuliez Genéve (autor de novelas)	5000
		B Poucel Paraguay Moderne	15000
	30	Annales du Sénat et du Corps Législatif 1866 t12	32000
Setembro	25	Dalloz jurisprudence 1866 e 1867	50000
Outubro	26	Chauveau Et Hélie Théorie du Code Pénal 7v	42000

		Jules Simon Politique Radicale	7000
		Livro de Lembranças 1869	1000
Dezembro	4	Codigo Commercial Portuguez	12000
	9	Ferrail Bals des victimes	3000
	30	Savoye Règlement sur le Service des Armées en Champagne annoté d'après les meilleurs auteurs qui ont éerit sur l'art militaire (sic.)	10000
1869 janeiro	7	Archives parlementaires t.12	20000
		Demolombe Cours de Code Napoleón t.20 e 21	20000
	20	Landeau Chasse au Roman (primi) 18	1000
		"Nouvelles"	1000
		"Herbeau"	1000
		"Fernanany	510
		"Mme Lommerrille	500
		Almanach 1869	600
Fevereiro	27	Masse Droit Commercial 4 v	32000
		Troplong De la prescription 2v	18000
		Renoir Faillites Banque Soto	16000
		Troplong Commentaire sur les donations 4 v	36000
		Delang Des sociétés commerciales	9000
Março	1	Béchard Roman des 2 jeunes homes	3000
		"Testament de la Comtesse	3000
		Rochefort La Lanterne t. 11 a 30.32	11500
	19	Veiga Manual dos Custos	1280
	2	Gauthier Atlas	6000
		Noel y Chapsal Grammaire	1000
Jullho	6	Vapereau Dictionnaire des Contemporains	24000
		A transportar —muda de página	5:227260
Julho	6	Duvergier d'Hauranne Histoire parlementaire t.9	8000
1870- março	22	Dalloz Recueil 1868	25000
		A deduzir	5:260260
1868 março	11	Dinheiro por conta	600000

			4:660260
		PAGOU 150 MIL REIS EM 8 DE JULHO DE 1870	
		PAGOU UM CONTO DE REIS EM 15 DE DEZEMBRO DE 1870	
		PAGOU UM CONTO E QUINHENTOS MIL REIS EM 20 DE JANEIRO DE 1872.	
		PAGOU DE QUINHENTOS MIL REIS EM 6 DE JUNHO DE 1872.	
		PAGOU DE UM CONTO QUINHENTOS E DEZ MIL E DUZENTOS E SESSENTA REIS EM 10 DE OUTUBRO DE 1872.	

Fonte: IHGB. *Contas (recibos e notas fiscais) do Conselheiro Nabuco de Araújo com diversas casas comerciais, teatros, clubes, etc.* Rio de Janeiro, 1872.[25]

Fontes

Impressas

BN. *Catalogue de la Libraire de B.L Garnier*, nº 8-10. Rio de Janeiro, s/d.

IHGB. *Annaes do Parlamento Brazileiro-Camara dos Srs. Deputados.* Sessão de 6 de julho de 1853. t. 1. Rio de Janeiro: Typographia de H. Pinto, 1853.

IHGB *Discurso Proferido por José Thomás Nabuco de Araújo, 26 set. 1871 a favor da emancipação gradativa.* Rio de Janeiro, 1871.

IHGB. *Questão Religiosa. Opiniões de Nabuco de Araújo, Francisco Otaviano e Dias da Cruz (recortes de jornal) e notícias acerca das relações entre Igreja e Estado 1873-74.* Rio de Janeiro, 1874.

---

25 O documento foi transcrito conservando o formato e a escrita originais. Portanto, o sobrenome do autor antecede e se mescla com o nome da obra adquirida. Para garantir a fidelidade ao manuscrito, nessa transcrição também não foi usado o itálico que destaca o título.

IHGB. *Regulamento para a Casa de Detenção estabelecida provisoriamente na Casa de Correção da Corte.* Rio de Janeiro: Typografia Imp. e Const. de J. Villeneuve, 1856.

Manuscritas

IHGB. *Agenda do Conselheiro Nabuco de Araújo (visitas, compromissos, compras, pequenas notas).* Rio de Janeiro, 1876.

IHGB. *Contas (recibos e notas fiscais) do Conselheiro Nabuco de Araújo com diversas casas comerciais, teatros, clubes, etc.* Rio de Janeiro, 1872.

IHGB. *Inventário de livros, jornais e mobílias existentes no escritório do Conselheiro Nabuco de Araújo, anos 1862-3 e 66.* Rio de Janeiro, s/d.

IHGB. *Suplemento às Opiniões do Conselheiro Thomas Nabuco de Araújo. Caderno de notas e extratos de discursos.* Rio de Janeiro, 1843-1862.

Bibliografia

ABREU, Márcia. A Circulação Transatlântica dos Impressos. *Livro-Revista do Núcleo de Estudos do Livro e da Edição*, São Paulo, vol. 1, n° 1, p. 115-127, maio 2011.

ARAÚJO, José Thomás Nabuco de Araújo. *O Centro Liberal.* Brasília: Senado Federal, 1979.

CARVALHO, José Murilo de. História Intelectual no Brasil: a retórica como chave de leitura. *Revista Topoi,* Rio de Janeiro, n° 1, p. 123-152, 2002.

_____. *Liberalismo, radicalismo e republicanismo nos anos sessenta do século dezenove.* Working Paper 87. Oxford: Center for Brazilian Studies, University of Oxford, 2007. Disponível em: <http://www.brazil.

ox.ac.uk/__data/assets/pdf_file/0003/9327/WP87-murilo.pdf>. Acesso em: 29/9/2012.

CHARTIER, Roger. *A ordem dos livros*: leitores, autores e bibliotecas. Brasília: UNB, 1994.

DUTRA, Eliana. Leitores de além-mar: a Editora Garnier e sua aventura editorial no Brasil. In: Bragança, Aníbal e Abreu Márcia (orgs.) *Impresso no Brasil*: dois séculos de livros brasileiros. São Paulo: Editora Unesp, 2010. p. 67-87.

FERREIRA, Tânia Maria Tavares Bessone da Cruz. *Palácios de destinos cruzados*: bibliotecas, homens e livros no Rio de Janeiro, 1870-1920. Rio de Janeiro: Arquivo Nacional, 1999.

GUIMARÃES, Carlos Gabriel. Economia e Poder no II Reinado: o caso do Banco Mauá e Cia (1854- 1875). *Cadernos do ICHF.* Niterói, nº 1, p. 35-51, abr. 1997.

KOSELLECK, Reinhart. *Futuro Passado*: contribuição à semântica dos tempos históricos. Rio de Janeiro: Contraponto: Ed. PUC. Rio de Janeiro, 2006.

MACHADO, Ubiratan. *História das Livrarias Cariocas*. São Paulo: Edusp, 2012.

MARTINS, Maria Fernanda Vieira. *A velha arte de governar: um estudo sobre a política das elites a partir do Conselho de Estado (1842-1889).* Rio de Janeiro: Arquivo Nacional, 2005.

NABUCO, Joaquim. *Um Estadista do Império,* vol. 1. São Paulo: Instituto Progresso Editoral S.A, 1949.

NEVES, Lúcia Maria Bastos Pereira das. A guerra de penas e os impressos políticos e a independência do Brasil. In. *Tempo,* Rio de Janeiro, vol. 1, nº 8, p. 1-17 ago. 1999.

PERROT, Michelle. "O inspetor Bentham". In: BENTHAM, Jeremy. *O Panóptico*. Belo Horizonte: Autêntica, 2000.

SCHECHTER, Ronald. Gothic Thermidor: The Bals des victimes, the Fantastic, and the Production of Historical Knowledge in Post-Terror France. In. *Representations*, California, n° 61, p. 78-94, winter 1998. Disponível em: http://www.jstor.org/discover/10.2307/2902948?uid=3737664&uid=2129&uid=2134&uid=2&uid=70&uid=4&sid=21101808134067. Acesso em: 2/2/2013.

SKINNER, Quentin. *Liberdade antes do Liberalismo*. São Paulo: Editora da Unesp, 1999.

O que dizem as cartas? Café e negócios do Vale do Paraíba Oitocentista

Raimundo Cesar Mattos[1]

Quando falamos na utilização de cartas e outros documentos particulares na historiografia, devemos levar em conta as dificuldades inerentes a este tipo de material e na sua interpretação. Mesmo que levássemos em conta a ideia de que os autores de correspondências privadas não objetivavam transmitir conceitos históricos e que, por isso, não teriam motivos para mentir à posteridade, temos que atentar para as causas que poderiam tê-los levado a mentir ou, pelo menos, a não serem conformes à verdade dos fatos, aos seus interlocutores. Isso cria um problema extra na análise de cartas, diários e afins.

Cartas e diários referentes ao Oitocentos são documentos de grande importância para a compreensão dos aspectos público e privado da sociedade da época. Manoel Antônio Esteves, comerciante, cafeicultor e proprietário no Vale do Paraíba Fluminense, alvo da análise deste artigo, manteve, até 1879, ano de sua morte, farta correspondência com familiares, comissários de café, comerciantes e outros, permanecendo preservadas, em uma de suas fazendas, cerca

---

1 Professor titular do curso de História e do curso de Pedagogia do Instituto Superior de Educação (ISE) do Centro de Ensino Superior de Valença (CESVA). Doutor em História pela UERJ.

de 900 cartas, entre recebidas e enviadas, estas em menor número. O estudo de seus hábitos, atitudes sociais, políticas e econômicas pode se tornar possível mediante a análise desta correspondência que, para ser compreendida, obriga à investigação das características particulares e conceituais que permitam também o entendimento da ação dos atores sociais no contexto cultural em que produziram as informações constantes nas cartas, bem como a verificação da influência do contexto histórico no estilo, na forma e no conteúdo da comunicação. Procurando classificar o material, preferimos enquadrá-lo no sistema utilizado por Tiago Miranda, citando Heinecke:

> No tocante aos vários tipos de cartas, Heinecke procura mostrar que elas formam dois grupos principais: de um lado, as de caráter erudito, subdivididas em filosóficas, matemáticas, filológicas, críticas, teológicas, jurídicas e históricas; de outro, as familiares e as 'de cerimônia' (elaborationes). Nesse caso, as primeiras destinam--se a conversas de indivíduos momentaneamente separados (inter absentes colloquium); já as segundas têm sua origem num propósito mais específico: de acordo com ele, podem ser, por exemplo, congratulatórias, petitórias, comendatícias, de pêsames ou de agradecimento. (MIRANDA, 2000, p. 53)

Este tipo de acervo pode se enquadrar, ainda, na explicação de Manoel Salgado como textos que permitem a reconstituição, nos termos em que foi formulada, de uma mensagem passada (GUIMARÃES, 2007, p. 99). O texto das cartas pode revelar uma mensagem passada de como se processava o relacionamento entre diversas pessoas na sociedade Oitocentista e que tipo de interesses norteava essas relações.

É necessário entendermos aqui que as cartas de Manoel Esteves não se situam apenas no âmbito pessoal, familiar ou privado. São cartas recebidas por quase meio século das mais distintas pessoas, incluindo-se comissários de café e familiares que permaneceram em Portugal. Através delas podemos verificar, analisar e compreender a cultura política que propiciou o surgimento e a inserção social, a busca da identidade e da cidadania na sociedade Oitocentista, de um comerciante português. Esta análise vem de encontro exatamente ao que afirma Ângela de Castro Gomes:

> Tal constatação é plena de desdobramentos. Um deles é que, se a escrita de si é uma forma de produção de memória que merece ser guardada e lembrada, no caso da correspondência, o encarregado dos procedimentos de manutenção e arquivamento dos documentos é o "outro" a quem se destina a carta e que passa a ser seu proprietário. A escrita epistolar é, portanto, uma prática eminentemente relacional e, no caso das cartas pessoais, um espaço de sociabilidade privilegiado para o estreitamento (ou o rompimento) de vínculos entre indivíduos e grupos. Isso ocorre em sentido duplo, tanto porque se confia ao "outro" uma série de informações e sentimentos íntimos, quanto porque cabe a quem lê, e não a quem escreve (o autor/editor), a decisão de preserva o registro. A ideia de pacto epistolar segue essa lógica, pois envolve receber, ler, responder e guardar cartas. (GOMES, 2004, p. 19)

Manoel Esteves torna-se, assim, o "outro", a quem são confiadas informações e sentimentos íntimos e que vive um espaço, uma rede de sociabilidade, ampliando e estreitando relações, tecendo o seu poder. Assim sendo, objetivamos com este artigo verificar exatamente essa "prática relacional" dentro de um "espaço de sociabilidade privilegiado" que permitia o "estreitamento (ou o rompimento) de vínculos entre indivíduos e grupos", em especial no que se refere à realização de negócios em geral e, mais especificamente, da produção cafeeira e suas derivações – aquisição, manutenção e venda de escravos; escoamento das sacas e relações com os comissários de café, entre outros. Partimos do pressuposto de que Manoel Esteves, se não foi um caso atípico na região, destacou-se dos demais, não apenas por ter variado suas transações econômicas, mas também, e principalmente, por se revelar como um administrador e empreendedor como poucos, fato este que procuramos deduzir pela análise de sua correspondência e, de forma secundária, mas nem por isso menos importante, pelo cotejo feito em alguns informativos locais, não à toa guardados em sua fazenda, talvez no intuito mesmo de se preservar a sua memória.

A região do Vale do Paraíba Fluminense, onde Esteves atuou, é conhecida pela ação dos denominados "barões do café", prósperos e influentes proprietários de terras e escravos que faziam parte de uma "boa sociedade" que se confundia com a elite política, constituída ainda por comerciantes, profissionais liberais e outros. No entanto, existiram casos que fugiam a uma pretensa regra de conduta. Manoel Antônio Esteves, de origem portuguesa, pode ser considerado uma dessas exceções, como já referido. Instalado inicialmente em Vassouras como negociante, contraiu matrimônio com a filha de um compatriota, recebendo a Fazenda Santo Antônio do Paiol como dote, em Valença, a partir da qual diversificou suas atividades econômicas. Ele se distinguiu dos demais cafeicultores por diversificar seus investimentos, acumulando considerável capital e propriedades, representando um diferencial, ainda que algumas de suas ações remetam para o lugar comum da busca de lucro e *status*. Foi também um dos responsáveis pela construção de um dos ramais da linha férrea em Valença, e depois um de seus diretores, atuações que facilitaram o escoamento de sua produção, uma vez que uma das estações construídas passava em frente à sua principal propriedade. Suas atividades fizeram dele um exemplo típico do capitalista do século XIX, isto é, "da pessoa que tinha grandes cabedais e dinheiro para suas negociações e meneio" (SILVA, 1813, p. 342),[2] conforme a definição do *Dicionário da Língua Portuguesa* de Antônio de Moraes Silva (1813 e edições subsequentes), o que se confirma pelo inventário dos bens por ele deixados, apesar de incompleto.

Ele foi o protótipo do novo homem da segunda metade do século XIX, o comerciante/fazendeiro que alcançou poder econômico e prestígio, em uma sociedade que não abria suas portas facilmente a qualquer um. Aliando o seu capital à sua capacidade de investimentos e estratégias de inserção social, multiplicou o seu poder financeiro, expandiu os seus investimentos e tentou alçar seu filho mais velho a uma posição de destaque na sociedade imperial.[3]

Diferentemente, porém, dos demais "barões do café", Esteves não levou uma vida faustosa, indiferente ao trabalho. Sobre os cafeicultores do Vale do Paraíba, Carl Koseritz chega a dizer que "pretendem continuar a sua vida de vagabundos e se esforçam por isso na procura de novos escravos, de cor amarela, em substituição aos antigos pretos" (KOZERITZ, 1943, p. 18). Esse detalhe, segundo o

---

2   Em edições posteriores desse dicionário, o conceito não se alterou.

3   Embora não se tenham encontrado referência a este respeito, provavelmente Manoel Esteves pretendia uma inserção política do filho mais velho.

comentário de Koseritz, demonstraria um comportamento atípico de Esteves. Com efeito, podemos depreender algo a respeito disso pelo o que ele escreveu ao filho, não apenas se preocupando com o andamento de seus negócios, como também fiscalizando o trabalho em suas fazendas:

> Não lhe escrevi ontem por ter ido às fazendas, que fui daqui às 3 horas da manhã e voltei às 2 horas da tarde, que (ilegível) preciso eu ir todos os dias que eu possa ir, é muito bom, que o dono (ilegível) que enxerga melhor que os empregados (…).

> Não tenho dado resposta por falta de tempo, como sabe bem que é preciso olhar para tudo o (ilegível) nada se faz. Ontem fui às fazendas, saindo daqui às 3 horas da manhã, voltando para aqui às 4 horas da tarde (…).

> (…) pois isso é muito bom, que se trabalha com gosto, para o homem que deseja andar para adiante, mas alguns não andam para adiante, e sim andam para trás, porque não querem trabalhar e não cuidar na vida; o que será deles quando forem velhos (…).[4]

Por esses trechos comprovamos a sua preocupação com o trabalho, em uma atitude que não era hábito entre a aristocracia rural do Vale. Ele buscava ainda incutir o mesmo comportamento no filho que, aliás, já estava na direção de sua Casa Comissária na Corte.

---

4   O que ele escreveu ao filho em cartas datadas de 05/08/1878 e 02/08 do mesmo ano, respectivamente, não apenas… Comentando a respeito de remessas de café para sua Casa Comissária.

Manoel Antônio Esteves – pintura à óleo existente na casa sede da Fazenda Santo Antônio do Paiol

Tendo começado como negociante passou, em 1850, na condição de proprietário de terras, a aumentar sua fortuna mediante variadas formas. Não se ateve à fazenda recebida como dote de casamento. A partir de 1852, começou a adquirir outras propriedades rurais, a saber: Santa Catarina (1852); São Francisco (após 1856); Ribeirão (após 1856); Boa Vista I (1860); Boa Vista II (1860); área anexa à Santo Antônio do Paiol (sem data). No entanto, a lista dos imóveis rurais de Esteves não parecia completa, pois um de seus representantes na Corte, o comissário Alves Machado, aconselhou-o, em 1862, a adquirir integralmente uma outra área, cuja propriedade dividia com alguém. Entretanto, o comissário não chegou a precisar de quem se tratava, apenas chamando a atenção para a questão do preço e das vantagens que daí poderiam advir:

Quanto às terras que dividem com o meu amigo, caso deseje comprá-las, poderá fazer sendo-lhe muito conveniente e pode contar comigo. Contudo, observo-lhe que se o meu amigo efetuar essa compra, deverá fazer por preço muito conveniente e atendendo a quadra presente, pois tem-se vendido terras e escravos por menos da metade do seu valor (...) e portanto o meu amigo deve ter isto em vista para a transação que tiver que fazer, não quer dizer com isto que deixe de comprar, só o que desejo é que o faça com muita vantagem e que o meu amigo possa tirar muito bom resultado; em todo o caso incluso remeto a carta que me pede e dela poderá fazer o uso que lhe convier (*idem*, 17/11/1862)[5]

A esse respeito, não foi possível verificar se a transação foi realizada. Sabe-se, porém, que naquela altura o Brasil começava a sofrer os graves problemas de uma crise econômica. Há, inclusive, outras informações na correspondência enviada pelo mesmo Alves Machado a respeito da aquisição das terras de um dos cunhados de Esteves. Pode-se acompanhar algo dessa outra transação, pois, em setembro de 1864, o dito comissário escreveu que estava ciente da compra da fazenda que Esteves realizou (*idem, ibidem*, 04/09/1864). No mês seguinte o negócio já havia sido concretizado. O valor da aquisição das terras e dos escravos alcançou 24 contos de réis, segundo carta enviada pelo mesmo Alves Machado em 24/10/1864. Disso tudo, deduzimos que Esteves, apesar da situação problemática

---

5   Carta enviada a Manoel Antônio Esteves por Manoel Joaquim Alves Machado.

que o país enfrentava, continuava com as finanças equilibradas e realizava novos investimentos.

Já em relação aos seus imóveis urbanos, encontram-se algumas informações em seu epistolário, como a notícia que Esteves recebeu em 02/08/1877 dos aluguéis pagos pelas casas que possuía em Valença, na Rua da Uruguaiana. Também no documento de doação que sua esposa fez aos filhos, após a morte do marido em 1879, foram encontradas três casas na rua citada e mais uma quarta, situada na Rua da Câmara.[6] Ela relaciona também uma outra casa de sobrado, na Corte, situada à Rua de Bragança, atual Conselheiro Saraiva, no centro da cidade, nas imediações do Mosteiro de São Bento, onde se localizava a casa comercial de Manoel Esteves & Filho. No inventário de Esteves, por sua vez, constam os aluguéis pelas casas da Rua da Uruguaiana desde abril de 1879 até 1880, no valor de 1.500$000; de uma outra ocupada por um certo Dr. Santos Machado, desde 15 de agosto de 1878 até 1880, no valor de 1.350$000; e das casas da Estação de Esteves ocupadas por Maia & Alves desde junho de 1879 até 1880, no valor de 1.800$000. Além desses imóveis, ele alugava, na Corte, uma chácara situada à Rua São Clemente, 132, conforme consta em um recibo no valor de 855$500, datado de 16 de agosto de 1879, referente a dois meses de aluguel da referida casa.[7]

Já a sua produção de café pode ser acompanhada também através das cartas que recebia de seus comissários,[8] ainda que parte delas tenha se perdido. Assim, em 1859, por exemplo, ele enviou 635

---

6   Arquivo particular da Sra. Maria de Lourdes Brandão, trineta de Manoel Esteves, sem catalogação.

7   Inventário de Manoel Antônio Esteves, Museu da Justiça do Rio de Janeiro, sem catalogação.

8   Todas as cartas citadas pertencem ao Acervo Particular da Fazenda Santo Antônio do Paiol, sem catalogação.

sacas,[9] valor incompleto, totalizando 14.233$717. Entre 1862 e 1864, ele envia 767 (valor também incompleto), recebendo 17.387$886. No ano seguinte, o Brasil passou por grandes problemas econômicos, a conhecida "Bancarrota da Casa Souto", um dos maiores estabelecimentos bancários do Rio de Janeiro.[10] Ao fechar suas portas em 10 de setembro de 1864, a Casa Souto levou pânico à Praça do Rio de Janeiro, o que desencadeou uma crise de liquidez sem precedentes, promovendo a quebradeira de outras casas bancárias (ALMICO, 2009, p. 99). Além disso, mal saído do conflito com Aguirre na região Platina neste mesmo ano, o governo imperial viu-se envolvido pelo início da Guerra do Paraguai. As remessas de café das fazendas de Esteves neste ano chegaram aos seguintes valores: total de 1007 sacas, ao preço de 27.521$584. Houve um aumento da produção durante este ano, em especial a partir do segundo semestre, apesar de uma diminuição do preço em agosto. Manoel Esteves, malgrado os efeitos negativos do mercado, continuava sua produção e a aquisição de terras e escravos, como já mencionado.

Na década de 1870, após a inauguração do ramal ferroviário União Valenciana, os negócios de Esteves tomaram um novo impulso. Podemos afirmar que, a partir daí, ele estabeleceu novos objetivos, diversificando mais ainda suas atividades. A efetivação desse ramal da linha férrea, por outro lado, representou a grande realização de sua trajetória social, já que lhe valeu ser distinguido com a comenda da Ordem da Rosa.

Em 1870, ano do término da Guerra do Paraguai, a produção cafeeira de Esteves chegou a 1587 sacas, em um total de 38.454$705.

---

9   Faltam muitas remessas deste ano, mas os valores servem como parâmetro comparativo para os anos seguintes.

10 A Casa investiu mais de 8.000.000$000, tendo como dívida junto ao Banco do Brasil o montante de 20.000.000$000.

As remessas registradas nas cartas demonstram que houve uma certa estabilidade no preço das sacas, sem grandes variações no seu valor, comparando-se com os dez anos anteriores. Neste período, em que o Vale começava a sentir os efeitos da desagregação da cafeicultura, Manoel Esteves ainda conseguia manter suas remessas dentro da média da década anterior, chegando mesmo a aumentá-las. Em 1872, um ano após a promulgação da Lei do Ventre Livre, o quadro que se apresentou foi de 1509 sacas, no valor de 45.769$191. Mesmo sem dispormos de todas as remessas deste ano, observa-se que o café continuou a ser bem negociado, alcançando bom índice de vendas, apesar de haver experimentado uma leve retração, a partir de novembro. Por outro lado, o preço da saca alcançaria maior valor, depois de uma pequena queda neste mesmo mês de novembro.

Enfim, o montante da venda da produção de café, em 10 de maio de 1879, mês da morte de Esteves, segundo o seu inventário, foi de 452.700 kg, no valor de 1.314$784.[11] Isso revela que ele deixou suas fazendas em plena atividade quando morreu, ao contrário de muitas outras na região, que já se encontravam com sérios problemas financeiros.

Tudo isso poderia levar a crer que, a partir do casamento, a principal atividade econômica de Esteves tenha sido a produção de café. Entretanto, ele não se limitou apenas a esse cultivo, riqueza que acabaria por se revelar fugaz por uma série de fatores já conhecidos.[12] Naquela época, suas fazendas produziam também feijão e farinha, gêneros vendidos em sua casa comissária na Corte a partir

---

11 Todas as cartas citadas pertencem ao Acervo Particular da Fazenda Santo Antônio do Paiol, sem catalogação.

12 No Vale do Paraíba Fluminense, o solo acabou completamente desgastado com o cultivo cafeeiro, levando muitos produtores a perderem grandes somas investidas na lavoura. Também a perda da mão de obra escrava contribuiu para que a riqueza do café se revelasse transitória.

de 1870.[13] Além disso, ele desenvolveu outras atividades, como se verá mais adiante.

Entretanto, para alcançar os níveis daquela produção substantiva de café. Esteves evidentemente possuía uma expressiva quantidade de escravos. Ao longo dos anos, ele adquiriu grande número de cativos. Algumas de suas transações podem ser acompanhadas através de sua correspondência ativa e passiva. Em 1859, por exemplo, Manoel Soares da Rocha, outro de seus comissários, escrevia:

> (...) servindo a presente de lhe participar que hoje tenho remetido de sua conta, por lancha de (ilegível) do Iguaçu, um preto com ofício de pedreiro, por nome Marcos de nação Mina, que de sua conta e ordem comprei por 2.040$000, que nesta data fica em seu débito; era aqui de pessoa particular, é bonita e o preço foi em conta segundo os preços que estão vendendo os pretos de ofício; serei plenamente satisfeito se ele (ilegível) o que afiançaram e que o meu amigo seja bem servido. (*idem, ibidem*, 06/12/1859)[14]

De outra feita, em 1862, o comissário Netto dos Reys, um de seus principais intermediadores, comunicou-lhe a publicação de um anúncio para a compra de um escravo e o respectivo débito: "... e no dia 08 lhe debitamos 1$980, importância de anúncio que mandamos publicas para a compra de escravo barbeiro, sobre cujo assunto lhe

---

13　Todas as cartas citadas pertencem ao Acervo Particular da Fazenda Santo Antônio do Paiol, sem catalogação.
　　Cf. correspondência mantida entre Esteves e o filho Francisco neste ano.

14　Carta enviada a Manoel Antônio Esteves por Manoel Soares da Rocha.

escreverá o abaixo assinado" (*idem, ibidem*, 16/04/1862).[15] Dois anos depois, Esteves adquiriu um expressivo número de escravos, pelo que se constata da correspondência enviada por Alves Machado que acusou, em julho, a compra de 4 escravos pelo valor de 4.674$000, mais 21, no valor de 20.185$000.[16] No mês seguinte, o mesmo comissário anunciou o pagamento de parte desse montante, no total de 1.150$000, à firma de Alves e Avellar.[17] Já em agosto, ele escreveu informando ter tomado ciência da compra de mais 02 escravos, pela quantia de 3.340$000, continuando: "...o que estimo e tendo sacado essa ou mais quantia pagarei de pronto e estimo que também tenha comprado o mestre carpinteiro e mulher do mesmo e os mais que lhe tiverem convindo" (*idem, ibidem*, 24/08/1864).[18] Afirma ainda que pagaria a dívida ou mandaria o dinheiro, conforme Esteves preferisse.

No que diz respeito à sua escravaria, o único livro de matrícula de escravos ainda existente no acervo da Santo Antônio do Paiol é o de número 89, referente ao ano de 1872, possuindo a relação nominal dos matriculados das fazendas de Esteves, totalizando 628 cativos. Ora, levando-se em conta as estimativas de João Fragoso, que aponta como grandes proprietários aqueles que possuíam mais de cinquenta escravos (FRAGOSO, 1983), Esteves ultrapassava de muito este número.

---

15   Carta enviada a Manoel Antônio Esteves por Antônio Coelho Netto dos Reys.

16   Todas as cartas citadas pertencem ao Acervo Particular da Fazenda Santo Antônio do Paiol, sem catalogação.

17   Todas as cartas citadas pertencem ao Acervo Particular da Fazenda Santo Antônio do Paiol, sem catalogação.

18   Carta enviada a Manoel Antônio Esteves por Manoel Joaquim Alves Machado.

Entre 1877 e 1878, Esteves fez uma substantiva aquisição de escravos, informando tal fato ao filho Francisco que, na época, se encontrava à frente de sua casa comissária na Corte, gerenciando seus negócios. Assim, ele dizia que "…hoje dou uma ordem de dois contos de réis para você pagar ao Sr. Teixeira, cunhado do Pahim, do escravo que lhe comprei…" (*idem, ibidem*, 14/06/1877).[19] No mês seguinte, ele se preocupava em adquirir novos escravos para duas de suas fazendas, em virtude da idade avançada daqueles que trabalhavam em uma delas e da carência na segunda: "Sobre o Luiz Baptista vender os escravos, se agradassem podiam ficar com vinte, pois a gente de Santa Catarina é velha e muito fraca, em a Boa Vista também falta gente, como sabe disto…" (*idem, ibidem*, 29/07/1877).[20] Tudo leva a crer que ele se preparava para o fim gradual da escravidão, projetada na Lei do Ventre Livre. Em outra ocasião, embora aparentemente sem necessitar, apenas pelo fato de terem lhe oferecido, Esteves informou que "…amanhã sigo para Vassouras ver os escravos do filho de Manoel Sabino que veio aqui oferecer-me os escravos; quer vender 16 ou 20. Se me agradarem, devo comprar…" (*idem, ibidem*, 15/03/1878). Não há notícias se ele chegou a concretizar esta compra mas, no mês seguinte, retornou a Vassouras para verificar novos cativos, comentando que iria "…ver os 71 escravos do finado Capitão (ilegível) que devem ir à praça no dia 2 do mês que vem. Eu não podendo comprar aqui destes irei a Vassouras no dia 4 do mês que vem (…). Comprei 4 escravos do nosso amigo Sr. Joaquim de Freitas" (*idem, ibidem*, 11/04/1878).

Três meses depois, ele tornou a adquirir escravos, informando inclusive que os mesmos "…importaram em 44.200$000, sendo 31

---

19   Carta enviada por Manoel Antônio Esteves ao filho Francisco.

20   Carta enviada por Manoel Antônio Esteves ao filho Francisco.

O Oitocentos entre livros...

escravos, alguns pequenos que vou mandar para Boa Vista" (*idem, ibidem*, 08/06/1878). Como se vê, mesmo após a Lei do Ventre Livre, Esteves continuou adquirindo escravos, buscando na região onde melhor lhe conviesse.[21]

Lamentavelmente, não se tem a soma exata dos escravos pertencentes a Esteves registrados em seu testamento. No entanto, seu inventário possui uma listagem, feita em 24 de abril de 1879, contendo o nome de 604 cativos. Também possui declarações de nascimento de filhos de escravos, feitas em conformidade com o artigo 6º do regulamento 4.835, de 1º de dezembro de 1871. Tais declarações se estendem de 1872 a 1878, constando 105 crianças; mas a numeração começa no número 118 e vai até o 223, faltando as primeiras, recomeçando após a morte de Esteves a partir de julho de 1870 e terminando no número 259, em 22 de maio de 1880. Ou seja, ele possuía um número expressivo de escravos.[22]

Esteves também costumava alugar alguns de seus cativos, prática continuada pela esposa após sua morte, o que se comprova pelo mesmo inventário. No documento consta o aluguel recebido por 21 escravos em serviço na Fazenda Santa Cruz, no Rio de Janeiro, elementos estes de propriedade da firma de Manoel Antônio Esteves & Filho, a razão de 10% ao ano, no valor de 4.785$081, e de 4 escravos ao serviço da Estrada de Ferro União Valenciana, desde maio de 1879 até 1880, no valor de 2.946$300 (*idem, ibidem*).

Outro aspecto que confirma a preocupação de Esteves com os investimentos feitos, diz respeito ao seguro de vida dos escravos, prática que denota seu caráter de investidor que zelava pelo capital

---

21 Possivelmente essas fazendas estavam extintas e Esteves estivesse arrematando os escravos.

22 Todas as cartas citadas pertencem ao Acervo Particular da Fazenda Santo Antônio do Paiol, sem catalogação.

empregado. A respeito do fato de alguns cafeicultores do Vale se preocuparem em adquirir seguros de vida para seus escravos, encontramos notícias divulgadas em um outro noticiário local, "*O Porvir*", sobre uma empresa estabelecida em Valença em 1876, denominada *Associação de Seguros Mútuos União*.[23] O anúncio no informativo denota, por conseguinte, que a compra de tais apólices de seguro era uma preocupação bem mais generalizada na região. Informava ainda a nomeação de um agente desta Associação, chamando a atenção dos lavradores para o fato de que a mesma possuía um diferencial em relação às outras, vindo satisfazer a uma necessidade real quanto à compensação para as perdas ocasionadas por morte de escravos ou liberdade forçada. A Associação se comprometia a indenizar os proprietários em caso de falecimento do escravo ou de liberdade judicial, sendo o valor declarado pelo próprio lavrador, que somente pagava uma quantia anual (*O Porvir*, ano 1, n° 9, 10/09/1876, p. 1).

No inventário de Esteves encontra-se um recibo de pagamento desta associação, referente à terceira prestação do contrato 3193/3221, de 29 escravos segurados em 01 de setembro de 1877, no valor de 676$000. Também consta um recibo no valor de 1.440$000, da Associação de Interesses Mútuos para a liquidação do Capital empregado no Elemento Servil, contrato feito em 12 de novembro de 1875, pela quinta anuidade paga em 30 de dezembro de 1879, assinado pelo tesoureiro, o Visconde de São Cristóvão.[24]

Cruzando, por sua vez, os registros do inventário de Esteves com indicações encontradas na sua correspondência passiva, descobrimos

---

23   Na apólice encontrada na Fazenda Santo Antônio do Paiol, o nome completo da seguradora era *Associação de Seguro Mútuo Sobre a Vida de Escravos União*.

24   Todas as cartas citadas pertencem ao Acervo Particular da Fazenda Santo Antônio do Paiol, sem catalogação.

que o minhoto costumava contrair empréstimos com alguns de seus comissários, em seguida, os repassava com juros maiores para pessoas de seu círculo de amizades. Mais um detalhe que o diferenciava dos grandes proprietários rurais, que habitualmente não lançavam mão de tais práticas. É certo que havia, sim, agiotas, na região, mas ligados a outras atividades; alguns, com pequenas propriedades, mas nenhum como Manoel Esteves – dono de vastos cabedais, que já lhe granjeavam boa situação financeira. Esteves, no entanto, não aparece na listagem de capitalistas da cidade publicada pelo *Almanak Laemmert*. Entendemos que o mesmo, pelo número restrito de pessoas a quem prodigalizava tais empréstimos, não fazia desta atividade um hábito tão constante, ainda que tenha auferido grandes lucros com isso. Assim sendo, sua esposa declara ter recebido, após a morte do marido, 236.627$784, referentes a empréstimos mais os juros devidos. Ela assim apresenta o que recebeu neste período:

Tabela 1 – Balancete dos valores emprestados a juros por Manoel Esteves e recebidos por sua esposa

DATA DA TRANSAÇÃO OU VENCIMENTO	FAVORECIDO	NATUREZA	JUROS	VALOR DO REPASSE E/OU PAGAMENTO
17/09/1875 03/10/1876 (vencimento)	Antônio Pereira da Rocha	Dois créditos	17.286$554 (valor recebido)	4$000 e 7$700
29/04/1876 (vencimento)	Manoel Sabino da Silveira	Crédito	Já calculado sob o montante	29.816$922 (crédito de 32$000)
02/09/1878	Cia. União Valenciana	Empréstimo	715$516	50$000
27/03/1879 (vencimento)	Visconde de Pimentel	Duas letras	Já calculado sob o montante	109.068$425
08/04/1879 (vencimento)	José Martins do Valle	Letra	Já calculado sob o montante	39.204$977

Não consta	Antônio Correia e Castro	Letra	Não consta	14.787$460
TOTAL				236.627$784

Fonte: MJRJ – Inventário Manoel Antônio Esteves, 1879.

Também de seu inventário consta uma letra assinada por Manoel Esteves em 06 de julho de 1877 no valor de 150 contos de réis, contra Manoel Joaquim Alves Machado, a juros de 9% ao ano, paga por sua esposa Maria Francisca. Um recibo foi firmado em 05 de julho de 1879, no valor do empréstimo, e um outro da mesma data, no valor de 13.500$000, referente aos juros. Tais dados indicam a atuação de Esteves como capitalista, conseguindo quantias que repassava para pessoas ligadas ao seu círculo de amizades, conceito este conforme se entendia no século XIX, já citado e que, além disso, também podiam se tratar de pessoas de vultosas posses e que disponibilizavam capital para ser emprestado em troca de juros e retornos monetários (SARADIM, 2010, p. 10). No entanto, ele se resguardava em relação às pessoas com problemas monetários, visando proteger os seus negócios, como se depreende da carta que enviou ao filho em 1876:

> (…) enquanto o Sr. Lemos de Miranda não acho bom ter negócios com esse senhor, porque depois que o pai faleceu, tem feito muitas dívidas. Ele mandou aqui pedir-me já tempo 12 contos. Eu lhe disse o (ilegível) ele que não podia arranjar essa cifra. Ele é uma pessoa que não convém isso (…) (*idem, ibidem*, 18/12/1876).[25]

Ele ainda investia em ações bancárias, tendo recebido, entre 1859 e 1864, segundo registro em seu epistolário, 817$900 de dividendos

---

25 Carta enviada por Manoel Antônio Esteves ao filho Francisco.

O Oitocentos entre livros... 217

dos bancos Comercial e Agrícola e do Brasil.[26] Além disso, constam de seu inventário dividendos de 30 ações do Banco do Brasil, no valor de 270$000, segundo demonstrativo apresentado por sua esposa, do período compreendido entre 27 de maio de 1879 e 20 de junho de 1880. A respeito de suas ações, encontramos o seguinte quadro:

Tabela 2 – Ações bancárias de Manoel Esteves

DATA	QUANTIDADE	TIPO	VALOR
13/09/1859[27]	40	Dividendos Banco Comercial e Agrícola[28]	226$000
12/03/1862[29]	40	Dividendos Banco Comercial e Agrícola	220$000
10/12/1863[30]	13	Dividendos Banco do Brasil	101$400
29/04/1864[31]	40	Dividendos Banco do Brasil	160$000
09/07/1864[32]	13	21°. dividendos Banco do Brasil	110$500

Fonte: MJRJ - Inventário Manoel Antônio Esteves, 1879.

Esteves atuou também como negociante, sendo esta a primeira atividade desenvolvida por ele ao se estabelecer no Vale do Paraíba Fluminense, domiciliado na então Vila de Nossa Senhora da Conceição de Vassouras. Não foram encontrados registros sobre o

---

26 Inventário de Manoel Antônio Esteves, Museu da Justiça do Rio de Janeiro, sem catalogação.

27 Cf. informações registradas na carta enviada por Antônio Ferreira dos Santos, 1879, sem catalogação.

28 Tal banco possuía uma filial na região, em Vassouras, administrada pela Família Teixeira Leite e Caetano Furquim.

29 Cf. informações registradas na carta enviada por Netto dos Reys, 1879, sem catalogação.

30 *Ibidem.*

31 Cf. informações registradas na carta enviada por Netto dos Reys, 1879, sem catalogação.

32 Cf. informações registradas na carta enviada por Netto dos Reys, 1879, sem catalogação.

tipo de mercadorias por ele negociadas, com exceção do ano de 1848, quando ele é mencionado pela primeira vez no *Almanak Laemmert* como proprietário de oficinas diversas. Já em 1850, Esteves aparece novamente, agora como dono de uma padaria. Nos anos seguintes, Esteves é citado apenas como proprietário e negociante, sem que seja especificado que tipo de negócios fazia, até o ano de 1855 e, daí por diante, até 1866, mencionado somente como proprietário, também sem que haja citação a respeito de suas propriedades.

No entanto, levando-se em conta as informações contidas em seu inventário e em sua correspondência passiva, já da época em que se encontrava instalado em Valença e abrira nova casa comercial, não fica difícil imaginarmos que sua primeira loja oferecesse os mesmos tipos de produtos, ou seja, ferramentas, metais e os sempre presentes secos e molhados.

Esteves retomou sua atividade original de negociante, em Valença, na década de 1870. Abriu nova casa comercial justamente na entrada da Fazenda Santo Antônio do Paiol. Aliás, o local foi escolhido tendo em vista a construção do ramal da linha férrea, que foi terminado neste período, tendo Esteves doado ainda o prédio onde se organizou a gerência da ferrovia, bem ao lado de seu estabelecimento comercial. Também organizou uma outra loja no centro da cidade, comercializando, segundo o *Almanak Laemmert*, loucas, ferragens, secos e molhados.

Esteves acabou, por fim, abrindo a sua própria Casa Comissária, sediada à antiga Rua de Bragança, 29, na Corte. O *Almanak* nomeia-o, a partir de 1874, como negociante brasileiro, passando, em 1877, a consignatário e, em 1878 e 1879, acumulando as duas funções. Em 1877, seu filho mais velho, Francisco, já se encontrava no comando desta casa comercial, conforme encontra-se registrado em sua correspondência. Em uma das cartas recebidas por ele, lemos: "Devem chegar hoje, vindos por intermédio da Companhia União & Indústria, 100 sacas de café que, como procurei no escritório de sua companhia, 11 devem ser entregues" (idem, ibidem, 31/01/1877).[33] Outro personagem já desejava-lhe sucesso, garantindo que os afazeres eram sinal de crescimento:

> Muito folgo saber que tem tido muitos afazeres, e desejo de coração que eles se multipliquem, pois é isto sinal de que prospera a sua casa comercial. Quanto à barafunda e dificuldades que tem sentido, é natural a todo o começo, mas que o amigo, com mais facilidade do que qualquer outro, as saberá aplainar (idem, ibidem, 01/02/1877).[34]

Essa Casa Comissária comercializava diversos produtos, conforme notas fiscais encontradas no inventário de Esteves, além da venda de café.[35] Apesar de ter confiado ao filho o comando do estabelecimento, Manoel Esteves continuava dando ordens a Francisco a respeito dos negócios como, por exemplo, ao informar que "... não sei se o Sr. Nunes foi lá por (ilegível) que eu lhe disse que o Comendador Pedro Moreno pedira para ele mudar-se para nossa

---

33 Carta enviada a Francisco Martins Esteves pelo Visconde de Jaguary.

34 Carta enviada a Francisco Martins Esteves por João Muniz da Silva Filho.

35 Entre outros, citam-se sulfureto de carbono, salitre, carne, açúcar, óleo de rícino, cânfora, vidros de pílula de família, alcaçuz, massa para chumbar dentes, dobradiça de ferro, máquina de costura, canos de chumbo, chapa para fogão, barrica de cimento, vassoura de cabelo, parafuso para madeira, lixa, maços de pontas de Paris, rolo de arruelas, vinho, vidro de doce, manteiga, bolachinhas, goiabada, magnésia calcinada, vergalhões, barras de ferro, colheres de aço para pedreiro, vermelhão, sapatos, cama inglesa de 6 palmos, colchões, almofadas,pregos, chapa de cobre, alcatrão, vidros de frutas francesas, latas de biscoitos.

casa que estes fregueses trazem outros que ele tem por aqui…" (*idem, ibidem*, 17/08/1877).[36] Chegou mesmo a ter um pequeno atrito com Francisco, certamente por gastos excessivos, com Esteves buscando manter sua posição no ramo comercial:

> (…) como eu desde que conheço nunca faltei a minha palavra e como sendo velho como só havia de faltar agora não é seu Pai Manoel Antônio Esteves que há de faltar agora, ainda que a cifra fosse maior não quero perder o que tenho ganhado e o meu crédito e para isso como sabe eu trabalho muito e gasto pouco e por isso hei de ir para adiante se Deus não mandar o contrário. (*idem, ibidem*, 18/12/1877).

Ele procurava preservar a sua respeitabilidade como negociante, bem como a manutenção dos bons negócios e dos fregueses ideais, estes bem definidos no desenvolvimento de suas atividades.

Enfim, conforme demonstrativo existente em seu inventário, o saldo em conta corrente de Manoel Esteves, em 20 de junho de 1879, pouco mais de um mês após sua morte, perfazia um total de 599.625$720, enquanto que a totalidade dos bens informada por Maria Francisca Esteves, em 15 de julho de 1880, era a seguinte:

Tabela 3 – Balancete dos bens deixados por Manoel Esteves segundo informe de sua esposa

DISCRIMINAÇÃO	VALOR
Devedores	482.712$607
Venda de café que existia nas tulhas (colhido em 1879/1880)	193.921$297
Café avaliado	14.793$877

---

36   Carta enviada a Francisco Martins Esteves por Manoel Antônio Esteves.

Café vendido em julho	4.365$492
Aluguéis de escravos	7.731$381
Aluguéis de casas	4.650$000
Dividendos e juros de bancos e companhias	4.455$021
Cal vendida	440$000
SUB-TOTAL	713.069$675
DESPESAS	275.279$238
TOTAL	437.490$487

Fonte: MJRJ - Inventário Manoel Antônio Esteves, 15/07/1880.

À vista destes valores, constata-se que a maior parte do capital deixado por Manoel Esteves era proveniente do dinheiro que emprestava a juros, chegando a superar, em muito, a própria produção de café. Tal valor correspondia a mais do que o dobro de todas as suas outras transações comerciais, estas contabilizadas em um total de 232.355$068, contra 482.712$607, montante este que impressiona. Se compararmos, por exemplo, com a proposta orçamentária do Império, para o exercício de 1881/1882, encontramos que o Ministério de Estado dos Negócios Estrangeiros recebeu 863.302$999, ficando com um total um pouco acima do montante dos bens móveis deixados por Esteves. Caso o inventário estivesse completo, teríamos o valor das propriedades e dos escravos, totalizando, certamente, um montante superior ao deste Ministério. Porém, a grande realização de Esteves na região foi a construção da Estrada de Ferro União Valenciana.

Antes mesmo da segunda metade do século XIX, os fazendeiros tinham ciência da precariedade do sistema de transporte de café, bem como da necessidade de modificá-lo drasticamente. À medida que a lavoura avançava para o interior, o custo do frete aumentava e, obviamente, quanto maior a distância entre a fazenda e os locais de exportação, maior era o valor pago para se transportar as sacas e menor se tornava o lucro. A situação agravou-se quando os cafezais atingiram a distância de duzentos quilômetros dos portos de embarque, com o risco não apenas de o produto se deteriorar no longo percurso como também o investimento nas tropas se tornava cada vez mais abusivo. A solução apresentada: a ferrovia (MARTINS, 2008, p. 161-162). Foi assim que acabou surgindo a Estrada de Ferro D. Pedro II e, com o tempo, entre as sedes de fazendas e as estações das cidades próximas, outros pequenos ramais a serviço de propriedades particulares, construídas pela iniciativa privada, as chamadas *estradas cata-café* (*idem, ibidem*, p. 171). O caso da União Valenciana não foi diferente, apesar deste ramal ter sido efetivado mais tardiamente, em relação a vários outros.

A construção do ramal de linha férrea em Valença acabou, pois, por se transformar em um dos grandes projetos dos fazendeiros locais. Diversos noticiários do período ressaltavam a imperiosidade da obra, com o intuito de se facilitar o escoamento da produção cafeeira. Assim, em edição de 1863, o jornal *"O Merrimac"* noticiava:

> A questão importantíssima de que nos ocupamos em nossa edição anterior,[37] está sendo agitada em todos os círculos desta Cidade.

> A ideia generosa de ligar os municípios de Valença, do Rio Preto e circunvizinhos ao grande mercado do Rio de Janeiro por uma via férrea, não podia, com efeito, deixar de ser acolhida por todos os nossos concidadãos.

---

37 Não foi encontrada, no acervo da Fazenda Santo Antônio do Paiol, a edição anterior a que o articulista se refere, mas, pelo exposto neste número, o assunto foi o mesmo, ou seja, o ramal da ferrovia.

> Homens de reconhecida experiência, e
> aos quais não se pode opor a objeção de
> leviandade, acham-se cooperando eficaz-
> mente para que os habitantes deste muni-
> cípio reúnam os seus esforços combinados
> para tão interessante fim. (*O Merrimac,*
> 01/01/1863, p. 01)

Essa obra era apresentada como um benefício para todos os habitantes, mas constituía, desde 1863, um ideal acalentado pelos cafeicultores que iriam auferir grandes lucros com ela. O *Merrimac* comenta em outra edição que "as portas de um futuro risonho e brilhante se abrem de par em par para Valença", e conclama a municipalidade "para que deixe de lado sua costumada condescendência e cobre a energia que lhe compete dando todas as providências para que Valença dispa a roupa que até aqui tem trajado, para trajar outra, senão boa, ao menos, melhor do que a atual" (*idem, ibidem,* 21/03/1863). Já em julho, parabenizava a "ilustrada comissão, que incansável tem se tornado para conseguir a única tábua de salvação para os munícipes de Valença" (*idem, ibidem,* 05/06/1863). A criação da ferrovia era algo absolutamente vital para a sobrevivência do município.

A Companhia Estrada de Ferro União Valenciana, fundada por volta de 1865, recebeu privilégios do governo imperial, pelo Decreto 3641, de 27 de abril de 1866, obrigando-se a construir uma estrada de ferro que, partindo de Valença, se comunicasse com a Estrada de Ferro D. Pedro II, em Desengano, atual Distrito de Juparanã. No ano seguinte, pelo Decreto 3945, de 11 de setembro, foi autorizada a construção da ferrovia e, em 4 de janeiro de 1868, tomaram-se as primeiras medidas para o início das obras de construção, ficando pelo Decreto 4246, de 19 de outubro de 1868, assentadas as bases para as tarifas do ramal (IÓRIO, 1953, p. 219).

O principal articulador da empreitada, a princípio, foi o Visconde do Rio Preto, Domingos Custódio Guimarães, dono da maior fortuna da região e grande articulador político. A obra, entretanto, ameaçava sucumbir com sua morte repentina em 1868, com a falta de uma nova liderança que levasse adiante o empreendimento. Havia, da parte de todos os interessados na continuidade do projeto, uma visão comum da necessidade de alguém que tomasse a frente da construção, não apenas comandando o processo, mas também investindo um bom capital nisto, como tinha sido o caso do Visconde que, saindo de cena, chegou a provocar um pequeno pânico entre todos. O informativo *O Alagôas*, em outubro de 1868, chegou a apresentar uma crítica à demora com que o projeto estava caminhando, pois essa era "prejudicial, quer aos interesses da companhia, que mais cedo poderia ver o fruto de seus capitais, quer ao público, que acha-se ansioso para fruir as vantagens e comodidades que dá uma via férrea" (*O Alagoas*, 04/10/1868, p. 02).

Finalmente, a conclusão da empreitada ficava sob a responsabilidade de Manoel Esteves, que se apresentava, através do citado informativo, como capaz de levar adiante a construção da linha férrea na cidade. A materialização da ferrovia era algo também de seu interesse como produtor, uma vez que facilitaria o escoamento do café, sendo que sua atuação à frente do projeto acabou também por se revelar como um portal de acesso a uma posição de destaque na sociedade local.[38] Assim, no mesmo ano de 1868, ele se tornou membro da "Diretoria da Companhia que se propõe a construir por empresa um ramal férreo da Estrada de D. Pedro II à

---

38   Foi, portanto, mais uma de suas estratégias dentro da sociedade local, no intuito de se destacar e se projetar na região.

cidade de Valença" (*Almanak Laemmert*, 1868, p. 51). Com efeito, na edição de 11 de outubro, Manoel Esteves foi mencionado como aquele "que tomará a peito tornar efetiva sua realização" (*O Alagôas*, 11/10/1868, p. 01). Essa indicação provavelmente foi articulada pelo próprio Esteves, que tinha interesses claros no empreendimento, e conclamava a todos afirmando que "convém que se reúnam a ele, porque dessa união provirá a força necessária para se levar a efeito uma obra tão gigantesca e de tanto momento para Valença, sem sobrecarregar um só com seu enorme peso" (*idem, ibidem*, p. 01). Mais adiante, chegou a dizer que Esteves "é homem de bons recursos, sendo até um daqueles caráteres que, em energia, atividade e rasgos de generosidade, mais se assemelham ao finado Visconde do Rio Preto" (*idem, ibidem*, p. 01). Concluindo o informe, o articulista do jornal transmitia a Esteves, mesmo que a obra da ferrovia ainda não tivesse sido concretizada, "os nossos mais sinceros emboras em nome do progresso e da prosperidade do importante município de Valença, em nome de todos os seus habitantes, e como órgãos da imprensa" (*idem, ibidem*, p. 01).

O fundo social da União Valenciana, segundo Luiz Damasceno, a princípio chegou a 600 contos de réis. Conforme autorização do governo imperial de 24 de fevereiro de 1869, foi elevado a 800 contos de réis. A construção da ferrovia, por sua vez, importou em 742:531$447 réis (FERREIRA, *op. cit.*, p. 123). Tal fato foi noticiado pelo *O Alagôas* neste mesmo ano, informando que, pelo Ministro dos Negócios da Agricultura, Comércio e Obras Públicas, foi expedido o Decreto 4335, pelo qual atendeu-se ao requerimento da Companhia de aumento do seu capital (*O Alagôas*, 07/03/1869, p. 01).

Neste mesmo ano de 1869, o desembargador primeiro vice--presidente da Província do Rio de Janeiro, Diogo Teixeira de

Macedo, Barão de São Diogo,[39] resolveu subscrever, em nome da mesma Província, mil ações da Companhia União Valenciana, no valor de 200.000$000 (*idem*, 20/06/1869, p. 01). Ele mencionou, em seu relatório anual, o artigo 12 da lei 1459 de 15 de janeiro, que autorizou a presidência da província a auxiliar a Companhia, e resolveu atender ao pedido da mesma por deliberação de 8 de junho e resguardando, "quanto foi possível, os interesses da província conciliando-os com os daquela empresa, que julgo virá a ser de grande importância para o futuro" (*Relatório*, 1869, p. 07).

Neste mesmo ano, Esteves já era um dos seus diretores e, em 1875, era o presidente da diretoria, cargo que ocupou até 1879, ano de sua morte.

Parte da ferrovia já se encontrava em funcionamento antes mesmo da sua inauguração. Ao que tudo indica, tratava-se de uma preocupação de toda a família de Esteves, uma vez que, em abril, sua esposa escrevia ao filho:

> Pedes-me que te diga alguma coisa do Ramal, pois sabe que funciona até aqui diariamente e tem havido bastante influência tanto de cargas como de passageiros; os trilhos para Valença já atravessaram a estrada de Pedro Gomes, se não fossem

---

39 Era filho do Major reformado Diogo Teixeira de Macedo e de Ana Mattoso da Câmara de Macedo e irmão do Conselheiro Sergio Teixeira de Macedo, diplomata e do poeta Álvaro Teixeira de Macedo. Era bacharel em direito pela Academia de SP, foi Oficial da Secretaria do Governo do Rio de Janeiro em 1836 e seguiu a carreira da magistratura, chegando a Desembargador, cargo quem que se aposentou. Era Cavaleiro da Imperial Ordem de Cristo e Oficial da Imperial Ordem da Rosa, sócio do ihgb desde 1839. Foi vice-presidente da Província do RJ em 1869 e deputado à Assembléia Geral. Casou-se com Francisca de Jesus Breves, irmão do Comendador Joaquim José de Souza Breves, o conhecido "rei do café" e da Baronesa de Piraí, logo, com ligações com a região do Vale do Paraíba Fluminense.

as chuvas por todo este mês ficaria pronta, assim só para mais chegará a seu destino. (*idem, ibidem*, 09/04/1871)[40]

A inauguração do primeiro ramal ocorreu em 18 de maio de 1871, ocasião em que aconteceram festividades comemorativas, que contaram com a presença do Imperador e comitiva, "sendo-lhe oferecido, nessa ocasião, um lauto banquete em um dos armazéns da estação desta cidade, pela diretoria de então, o qual importou em 6:500$ réis" (IÓRIO, *op. cit.*, p. 123). A mulher de Esteves, Maria Francisca, escreveu ao filho comunicando a inauguração, nos seguintes termos: "...no dia 18 é a inauguração da estrada de ferro em Valença; vem o imperador, muita gente, tem uma festa muito grande..." (*idem, ibidem*, 11/05/1871)

Foi a primeira estrada de ferro de bitola estreita[41] que se construiu no Brasil, tendo como engenheiros Herculano Veloso Ferreira Pena, Comendador Pedro Moreno de Alagão, João Gomes Ribeiro do Val, João de Carvalho Borges Júnior e Antônio de Noronha Gomes da Silva. Alguns deles laureados, mais tarde, com a Ordem da Rosa, juntamente com Manoel Esteves.

Provavelmente, Esteves alcançaria fortuna ainda maior se não tivesse morrido de forma repentina, em 1879, alguns meses após ter sido eleito provedor da Irmandade da Santa Casa de Misericórdia de Valença, um dos principais locais onde a "boa sociedade" local gestava e aprimorava suas estratégias de poder. Deixou, por ocasião de sua morte, a família bem encaminhada, com uma considerável fortuna, crédito no mercado e mesmo dívidas a receber. Destacamos

---

40 Carta enviada por Maria Francisca Martins Esteves ao filho Francisco.

41 Refere-se à distância interna entre os trilhos. No Brasil, bitola larga é adotada como sendo de 1.600 mm. Já a estreita é a denominação que se dá às ferrovias com bitola menor que 1.435 mm.

aqui, em especial, o filho mais velho, Francisco, formado em Direito pela Faculdade do Recife, que foi preparado pelo pai para sucedê-lo à frente dos negócios e apto a se tornar um homem de Corte, o que se efetivaria por meio de seu casamento com a filha de um dos mais notáveis e proeminentes políticos do Segundo Reinado, o Conselheiro Zacarias de Góes e Vasconcellos.[42] Os demais herdeiros, por sua vez, ficaram também amparados e com um respeitável patrimônio, variado e lucrativo.

Podemos, portanto, constatar a enorme diversidade de práticas econômicas levadas a efeito por Esteves. Casas comerciais, ações bancárias e da Estrada de Ferro União Valenciana, aluguel de casas e de escravos, produção de café e de outros gêneros agrícolas, Casa Comissária instalada na Corte e repasse de empréstimos. No mundo Oitocentista dos negócios nada parecia estranho a ele. Tratava-se de um autêntico "capitalista", cujos investimentos diversificados continuariam a dar lucro, até mesmo quando o Brasil deixava de ser apenas o Vale.

Tais constatações só foram possíveis mediante a análise de sua correspondência. Assim sendo, podemos inferir que esse tipo de documentação não apenas se apresenta como um vasto campo de interesse para o historiador como também possui a possibilidade de trazer informações que, de outra forma, permaneceriam ocultas. O estudo da vida privada, em especial no século XIX brasileiro, se torna cada vez mais acessível através da utilização deste vasto acervo pessoal que, aliado às fontes já tradicionais, permite traçarmos um paralelo com a vida pública de elementos ainda desconhecidos – caso do objeto em foco deste artigo – que revelam muito mais do

---

42 Francisco, após o casamento, mudou-se temporariamente para Paris com a esposa, onde nasceu seu primeiro filho, tendo levado uma vida de luxo e riqueza.

que singularidades. Eles nos mostram parte da sociedade e da cultura política em que estavam inseridos, permitindo uma compreensão melhor do que foi o Oitocentos no Brasil.

Manuscritos

Arquivo do Museu da Justiça do Estado do Rio de Janeiro (AMJRJ) – sem catalogação.

Arquivo particular da Fazenda Santo Antônio do Paiol (AFSAP) – sem catalogação.

Relatório do Vice-Presidente da Província do Rio de Janeiro à Assembléia Legislativa Provincial no dia 1º. de outubro de 1869.

Jornais

– O *Merrimac* (1863)

– O *Alagôas* (1868/1869)

Bibliografia

ALMICO, R. de C. *Dívida e Obrigação*: As relações de crédito em Minas Gerais, séculos XIX e XX. Tese (Doutorado), UFF, Niterói, 2009.

FRAGOSO, João Luís Ribeiro. *Sistemas agrários em Paraíba do Sul*: um estudo de relações não capitalistas de produção (1850-1920). Dissertação (Mestrado) Departamento de História, UFRJ, Rio de Janeiro, 1983.

IÓRIO, Leoni. *Valença de ontem e de hoje*. Valença: s./ed., 1953.

GOMES, Ângela de Castro. *Escrita de Si, Escrita da História*. Rio de Janeiro: FGV Editora, 2004.

GUIMARÃES, Manoel Luiz Salgado. "A disputa pelo passado na cultura histórica oitocentista no Brasil". In: CARVALHO, José Murilo de (org.). *Nação e cidadania no Império*: novos horizontes. Rio de Janeiro: Civilização Brasileira, 2007.

KOSERITZ, Carl. *Imagens do Brasil*. São Paulo: Livraria Martins Editora, 1943.

MARTINS, Ana Luíza. *História do Café*. São Paulo: Editora Contexto, 2008.

MIRANDA, Tiago C. P. dos Reis. A arte de escrever cartas: para a história da epistolografia portuguesa do século XVIII. In: GALVÃO, Walnice Nogueira & GOTLIB, Nádia Battela (orgs.). *Prezado senhor, Prezada senhora. Estudos sobre cartas*. São Paulo: Companhia das Letras, 2000.

SILVA, Antonio de Moraes. *Dicionário da Língua Portuguesa*. Lisboa: Tipografia Lacerdina, 1813, p. 342. Disponível em: <http://books.google.com.br/books?id=hXr_KN0PfCcC&printsec=frontcover&hl=pt BR&source=gbs_ge_summary_r&cad=0#v=onepage&q&f=false>. Acesso em: 03/02/2012.

Sobre fortunas e desventuras de um "mulato" entre os mundos das letras e da política do Império do Brasil: um pequeno mergulho na trajetória de Francisco Montezuma

Sebastião de Castro Junior[1]

Primeiros passos

No Brasil do início da década de 1820, provavelmente difícil seria para um contemporâneo ignorar o clima de agitação e incerteza que cada vez mais tomava conta de certas regiões a exemplo da já então província da Bahia. Lá, a crescente penetração das linguagens do liberalismo e do constitucionalismo passava a potencializar uma série de conflitos em torno de visões de mundo e projetos políticos sensivelmente distintos entre si (NEVES, 2011). Por isso, também lá, "pretos", "cabras", "caiados" e outros tantos indivíduos que seguramente transitavam por entre essas designações generalizantes e nada despretensiosas passavam à condição de protagonistas de um verdadeiro "teatro da intolerância", para lembrar a sugestiva expressão do historiador João José Reis (REIS, 1989, p. 84).[2]

---

1   Mestrando em História pela Universidade Federal Fluminense e Bolsista do CNPq.

2   Nas palavras de Reis (1989), "'Cabra' significava, no vocabulário racial da época, alguém de pele mais escura que um mulato e mais clara que um negro. Brancos reais, brancos sem dúvida, só eles portugueses. Talvez por isso os manifestantes baianos os chamassem de 'caiados', gente exageradamente branca, como a cal. Ser branco demais virava assim um estigma no discurso patriótico popular, e 'caiado' seria, mesmo na Independência, o

Cortinas abertas, o mergulho nas tramas de um roteiro bastante complexo e, aliás, nada previsível, para muitos beirava o irresistível. Naquele cenário, descontentamentos de diversas ordens se adensavam socialmente e ganhavam corpo sob a forma de confrontos muitas vezes violentos, nos quais diferentes identidades e interesses eram duramente postos em choque. De certa forma, ao centro do palco, onde as marcas de tensões já há algum tempo latentes naquela sociedade passavam a ganhar cada vez mais força e visibilidade, retornava, então, naquela mesma época, o jovem Francisco Gomes Brandão.

De origem mestiça, ele não pertencera – segundo biografia publicada cerca de dez anos antes de sua morte – a nenhuma das "famílias ricas e poderosas da província" (SISSON, 1862, p. 39). Logo, e caso seu anônimo biógrafo esteja mesmo com a razão, é bem possível que seus pais figurassem entre aquela parcela da população composta por "gente livre, com certa educação", dotada de algum recurso e também de certo "poder de comunicação e representatividade" – além de, "não raro, mulata" (REIS, 1989, p. 83).[3]

Então recém-formado bacharel em Direito e Filosofia pela Universidade de Coimbra, após inconclusas incursões nos âmbitos

---

insulto racial predileto de negros contra brancos" (p. 86). Ademais, convém salientar que, geralmente, o termo *preto* era utilizado como sinônimo de escravo nascido na África. Contudo, ainda assim é preciso ter algum cuidado. Na realidade, todos esses designativos (*negro, preto, pardo, mulato, cabra*), entre outros menos correntes, foram utilizados ao longo de todo o período de vigência do regime escravista com sentidos diferenciados, dependendo da época e da região enfocadas. Boas análises de seus usos, significados e flutuações podem ser encontradas em estudos como os de Sheila de Castro Faria (2004); de Hebe Mattos (1995); e de Larissa Viana (2007).

3   As poucas referências acerca da origem mestiça de Francisco Montezuma não deixam claro se sua ascendência africana vinha da parte de seu pai, Manoel Gomes Brandão, ou de sua mãe, Narcisa Thereza de Jesus Barreto (que em alguns poucos relatos biográficos, no entanto, aparece com o designativo "Dona" antes do nome).

das carreiras eclesiástica e militar, Brandão fizera parte de uma geração de estudantes nascidos no Brasil e que, sobretudo em vista do estremecimento cada vez maior das relações entre os dois Reinos, fora intensamente perseguida e tornada alvo privilegiado de uma série de achincalhamentos, sendo não poucas vezes referida a partir de discursos preconceituosos e fortemente racializados.[4]

Em contrapartida, é de se notar que também do lado de cá do Atlântico essas diferenças se materializariam em diversos conflitos, evidenciando, especialmente, o quanto reações mais ou menos radicais face ao colonialismo português vinham ampliando e tornando ainda mais manifestos os sinais de um processo mais amplo de esgotamento de certas formas de ordenamento político da sociedade e de padrões tradicionais de hierarquia e pertencimento que regiam sua reiteração (JANCSÓ, 1997, p. 392).

Nesse contexto, Brandão não tardaria a engajar-se na defesa de uma postura de não sujeição do Brasil à antiga metrópole, apoiando a ligação da Bahia a um Rio de Janeiro por muitos tido como verdadeiro centro político e administrativo, frente ao qual passava a estar ninguém menos que d. Pedro como regente (SILVA, 2011). Por isso mesmo, embora logo nomeado vereador por alvará do Desembargo do Paço, também sem demora sentiria o peso dos embates cada vez mais regulares com adversários como Ignácio Luiz Madeira de Mello. Por meses a fio, o brigadeiro então promovido a governador das Armas e colocado sob autoridade direta de Portugal se mostraria um inimigo poderoso, sobretudo porque nada relutante em fazer uso da força sob o pretexto de (re)estabelecer a "ordem" em uma

---

4   Para uma apreciação interessante de questões relativas tanto aos conflitos envolvendo "portugueses" e "brasileiros" entre as décadas de 1820 e 1830, quanto às tentativas de reforço ou diluição das identidades políticas que, no seio desses embates, eram também construídas em termos "raciais", ver o trabalho de Gladys Sabina Ribeiro (2002).

região que, a seus olhos, estava recheada "de castas perigosíssimas" (REIS, 1989, p. 90).

Ciente do delicado equilíbrio de forças que então se estabelecia na província, Brandão optaria por utilizar a escrita como sua principal forma de combate. Longe de ignorar o poder das letras numa época marcada pela emergência de uma ainda incipiente opinião pública, aos insultos, provocações e, inclusive, às ameaças que com frequência lhe eram dirigidas, ele parecia responder evitando o uso da violência e apostando, com convicção, na força das palavras. Não em outro sentido, nas páginas d'*O Constitucional*, ele tornava público que, assim como seus parceiros de redação, não sabia "jogar espada, nem pau, nem esgrima, [e nem tampouco] atirar pistola ou faca". Na realidade, parecia nem mesmo fazer questão de aprender. E assim porque, segundo dizia, considerava duas as maneiras mais apropriadas de enfrentamento, quais fossem: além do já velho conhecido recurso aos tribunais, a possibilidade de manifestar-se sobre assuntos os mais diversos por meio de uma imprensa que, como ele não se cansava de repetir, já havia sido declarada livre (*O Constitucional*, nº 22, 15/03/1822).[5]

Assim, seria ainda no contexto das lutas e disputas que culminariam com a emancipação política do Brasil, em 1822, que Brandão ganharia alguma notoriedade, destacando-se, especialmente, por sua atuação à frente de periódicos políticos também constitutivos de "uma rica literatura de argumentação, opinião e polêmica" (NEVES, 2004, p. 5) que passava a crescer com força na Bahia de então.

Diário Constitucional fora o nome escolhido para o primeiro desses jornais. Vendido em diversas lojas e boticas dispersas pela

---

5   Vale lembrar que a lei de liberdade de imprensa chegou à Bahia em novembro de 1821, embora já em setembro daquele mesmo ano o *Correio Brasiliense* já a comentasse (SILVA, 2011).

província, Maria Beatriz Nizza da Silva não à toa o qualificou como uma "voz dissonante em meio a um coro apologético das Cortes de Lisboa" (SILVA, 2011, p. 7) – então diretamente ligadas à Bahia através da chamada Junta Provisória de Governo. Considerado, por isso mesmo, "papel incendiário" por representantes do governo local, o *Diário* se destacava por fazer circular, em um contexto politicamente já bastante convulsionado, os atos do príncipe regente no Rio de Janeiro, as representações a ele encaminhadas, as falas dos deputados baianos às Cortes portuguesas, e ainda outros documentos que outros periódicos ou se limitavam a tecer breves comentários sobre algumas poucas partes ou, simplesmente, não divulgavam (*idem, ibidem*, p. 7-12).

Não por outro motivo, o desconforto causado pela folha parecia ser mesmo grande. E tanto assim que, a 3 de abril de 1822, as autoridades locais buscavam se valer de seu poder e influência para tentar tirá-la de circulação ou, ao menos, garantir que em suas páginas não fossem mais publicados comentários ou discursos, e sim "somente notícias (...) sem reflexão alguma" (*Diário Constitucional*, nº 7, 15/02/1822).[6] Apesar da pressão e das não poucas investidas de diversos opositores, Brandão conseguiria manter suas atividades como redator do polêmico jornal.

Em meio a um clima de crescente tensão, naquele mesmo mês, por "circunstâncias" as quais, embora ditas "delicadas", não chegaram a ser detalhadas pelos redatores, a folha antes impressa diariamente (salvo aos domingos e dias santos, como era habitual) passava a ser publicada apenas três vezes por semana (*DC*, nº 37, 3/3/1822).

---

6   Aparentemente, as mudanças que recaíram sobre a publicação do periódico estavam relacionadas tanto à violência dos confrontos que se desenrolavam nas ruas da província da Bahia àquele momento quanto a impedimentos aparentemente colocados pelo proprietário da tipografia – a da Viúva Serva e Carvalho – em que a folha era impressa.

Embora com periodicidade, epígrafe e título alterados, o a partir de então denominado O *Constitucional* continuava apostando ainda não propriamente na ideia de independência, mas sim na de liberdade, entendida como autonomia.[7] Mantinha-se, portanto, fiel à principal causa assumida por seu antecessor.

Empastelado, contudo, pelos soldados de Madeira de Mello, o periódico não pôde resistir para além do mês de agosto daquele ano (VIANNA, 1959, p. 107). Para o militar, era muito claro que os redatores abusavam da lei de liberdade de imprensa e agitavam "o espírito público" com "ideias subversivas", não raro provocando "a insurreição e a desobediência às autoridades constituídas"(DC, nº 44, 20/7/1822).[8] Por isso mesmo, julgava que o preço a ser pago por cada um deles deveria ser alto. Como se vê, ainda àquela altura, as dissensões entre os que endossavam a defesa do Brasil como corpo político autônomo, por um lado, e aqueles que ainda manifestavam sua lealdade a Portugal, por outro, estavam longe de dar quaisquer sinais de arrefecimento.[9]

Todavia, não bastassem a intensidade e a enorme frequência de tais enfrentamentos, pouco tempo mais tarde Francisco Gomes Brandão também se veria às voltas com inúmeras querelas suscitadas pela atuação do general francês Pierre Labatut, então nomeado pelo futuro Imperador para comandar as chamadas "forças patriotas" na Bahia.

---

7   Para uma discussão em torno do conceito de liberdade essencialmente entendido como autonomia, ver Ribeiro (2002).

8   Os excertos em destaque, embora saídos nas páginas d'O *Constitucional* na data referida, não são de autoria de seus redatores. Integram, na realidade, uma Portaria da Junta Provisória de Governo publicada naquele número do periódico.

9   A emergência e a própria construção da ideia do Brasil enquanto "corpo político autônomo" recebeu atenção especial por parte de historiadores como Iara Lis Carvalho e Souza (1999).

Por várias vezes, ele se queixaria tanto dos constantes "abusos de poder" cometidos por Labatut, quanto de seus incontáveis "desrespeitos" para com o "Conselho Interino de Governo". Por isso, escreveria até mesmo ao próprio D. Pedro "solicitando providências contra os desmandos do General", que com seus "despotismos" estava "derrama[n]do o terror em toda a Província" (OFÍCIO, 1822, p. 1-4).

Convencido, então, de que já era hora de emprestar uma nova dimensão à sua luta, na manhã do dia 19 de abril de 1823, através das páginas do sétimo número de seu terceiro jornal, de nome *Independente Constitucional*, Brandão despedia-se de seus leitores. A despeito de seus esforços para garantir a vida e a circulação daquele periódico – incluindo-se aí algum investimento na aquisição de novo material tipográfico (VIANNA, *op. cit.*, p. 108) –, era agora na qualidade de importante representante do governo provisório instalado na Bahia que ele se via encarregado de levar ao Sudeste as notícias mais recentes a respeito da situação em que se encontrava aquela província. Em um pano de fundo tão movimentado como o que então passava a marcar os primeiros passos do jovem Império, não seriam poucas suas idas e vindas entre a vila da Cachoeira, no Recôncavo Baiano, e o Rio de Janeiro. Numa delas, enfim, ele receberia, com grande satisfação, a notícia de sua eleição como Deputado para a Assembleia Geral Constituinte. Com razão, enxergaria neste fato o marco de sua integração à comunidade política da Corte imperial.

Cidadania e fronteiras da igualdade

Em última análise, os próprios caminhos que até aquele momento Brandão viera percorrendo não deixavam dúvidas de que nem a aclamação de D. Pedro I como Imperador, em outubro de 1822, e nem mesmo a convocação da Assembleia, cerca de sete meses depois, significavam que a unidade política do Império estava garantida.

De fato, e tal como lembrado por historiadores como Lúcia Bastos (NEVES, 2009c), àquela altura a proposta de separação do Brasil de sua antiga metrópole já havia sido aceita pelas Câmaras Municipais de Rio de Janeiro, São Paulo, Minas Gerais, Santa Catarina e Rio Grande do Sul, tendo Pernambuco titubeado durante algum tempo e, por causa das dificuldades de comunicação, Goiás e Mato Grosso prestado juramento de fidelidade ao Império apenas em janeiro daquele ano de 1823. Enquanto isso, no entanto, Províncias como Pará, Maranhão, Piauí e Ceará, além da Cisplatina e também de parte da Bahia, ainda permaneciam refratárias ao governo do Rio de Janeiro. Ao mesmo tempo em que várias outras já escolhiam seus deputados para a Constituinte, o Maranhão elegia deputados para as Cortes ordinárias de Portugal. No fim das contas, tratava-se, ainda, de "tempos de guerra" (*idem, ibidem*, p. 21).

Imerso numa conjuntura marcada por rivalidades ainda bastante acirradas, foi como "prova de brasilidade" (GUIMARÃES, 2002, p. 291) – ou numa espécie de "reação identitária" às formas de discriminação e preconceito das quais ainda eram alvo muitos indivíduos identificados como "brasileiros" (AZEVEDO, 2010, p. 74)[10] –, que Francisco Gomes Brandão, a exemplo de muitos de seus contemporâneos, abandonou seu nome de batismo e agregou ao prenome português pelo menos dois sobrenomes ameríndios, passando a se chamar e a dar-se a conhecer, então, como Francisco Gê Acayaba de Montezuma.[11]

---

10 Acerca dos usos e significados de termos como "brasileiro" e "português" no contexto em questão, ver, por exemplo, o trabalho já citado de Gladys Sabina Ribeiro (2002).

11 Ainda não foi possível estabelecer, com o devido embasamento documental, se o sobrenome "Montezuma" vinha de seu pai ou se foi adotado no contexto em questão. Célia Marinho de Azevedo também chama atenção para a questão, destacando, brevemente, as divergências que nascem

Destacando-se como um dos mais jovens deputados a participar das discussões que naquela época agitavam a Assembleia, ele gozaria de um mandato, todavia, bastante efêmero. Apenas quatro meses depois de empossado, a Constituinte era dissolvida por D. Pedro e Montezuma preso e exilado junto a alguns de seus companheiros, dentre os quais Joaquim José da Rocha e também os três irmãos Andrada (José Bonifácio, Antônio Carlos e Martim Francisco). Com eles, parecia partilhar certas convicções relativas às conformações do recém-criado Império, com destaque para questões mais diretamente referidas às garantias dos direitos e liberdades individuais, às limitações aos poderes do Imperador, e ainda ao problema da centralização política.

É verdade que, apesar de a Constituinte não ter gozado de uma vida lá muito longa, as feições que, no fim das contas, acabariam por tomar a Constituição de 1824 seriam, basicamente, definidas por muito daquilo que naquela Assembleia se havia discutido e determinado. De qualquer maneira, seria efetivamente a partir dos primeiros meses daquele mesmo ano que a população do Império se veria enfim confrontada com a definição e os limites de um novo conceito que reunia dentro de si, conforme certa vez propôs José Murilo de Carvalho, não apenas "valores e práticas sociais definidoras da esfera pública", mas também "todas as modalidades possíveis de relação" entre os indivíduos, de um lado, "e o governo e as instituições do Estado, de outro" (CARVALHO, 2007, p. 11).

Tendo seu tom essencialmente definido por ideias afinadas com um liberalismo de caráter moderado (NEVES, 2009a; SLEMIAN, 2008,

---

da comparação entre algumas biografias publicadas nas últimas décadas do século XIX e certos estudos, se bem que poucos, e também de caráter mais biográfico, produzidos por alguns historiadores pelos fins da primeira metade do século XX. A este respeito, ver: Azevedo (2010, p. 75, nota 18).

p. 175-206), o texto estabelecia novas vias e formas de integração à sociedade imperial. Excluídos os escravos, considerava *cidadãos* todos os homens nascidos no Brasil ou naturalizados brasileiros, fossem eles libertos ou ingênuos (isto é, nascidos livres). Formalmente, assegurava a todos eles o acesso àquilo que hoje entendemos por "direitos civis", ao mesmo tempo em que lhes oferecia a possibilidade de ocupar determinados cargos de diferentes formas relacionados à gestão do Estado imperial. Contudo, embora à primeira vista apenas a liberdade parecesse ser entendida como precondição para o exercício da cidadania, é bom lembrar que mesmo este se encontrava fundamentado em critérios de diferenciação.

Estabelecendo sensíveis distinções no que dizia respeito às formas de participação na vida pública, aquele novo conjunto de leis fundamentais também trazia em seu bojo certas restrições no que dizia respeito ao gozo dos chamados direitos políticos. Com base no direito de propriedade, a Carta de 1824 definia três categorias (ou gradações) de cidadãos, segundo suas posses: os *passivos*, os *ativos votantes*, e os *ativos eleitores e elegíveis*.[12] No caso destes últimos, no entanto, ainda "uma importante distinção não propriamente censitária se fazia", já que, além das exigências de renda, impunha-se que a condição de *livres* lhes acompanhasse desde o nascimento (MATTOS, 2000, p. 21). Claramente, tal disposição excluía os alforriados nascidos no Brasil, comprometendo, para eles, o reconhecimento da cidadania em sua plenitude.

---

12 Em maiores detalhes, cumpre esclarecer que *cidadãos passivos* eram considerados os que não possuíam renda suficiente para ter direito a voto. Já *cidadãos ativos votantes* eram aqueles com renda suficiente para escolher colégio de eleitores; ao passo que *cidadãos ativos eleitores e elegíveis* passavam a ser chamados todos os que, além de possuírem renda anual superior a 200 mil réis, haviam nascido livres. Ver: Mattos (2000).

Mas ademais, e afora o inegável alijamento, seguindo os referidos critérios, de todos os homens pobres em geral (livres ou libertos, não importando suas cores ou origens), havia ainda o problema do estatuto civil dos libertos africanos. Segundo Beatriz Mamigonian (2011), esses indivíduos possuíam uma situação jurídica ambígua, sobretudo porque, embora livres, aparentemente não eram naturalizados brasileiros – ou, talvez, até o fossem, mas com pouquíssima frequência.[13] Por isso mesmo, com facilidade também passavam a ser considerados "cartas fora do baralho" no tocante à participação política nos termos em que pontuava a Constituição.

Se, portanto, na letra da lei, entre os cidadãos não deveria haver outras diferenças que não aquelas derivadas dos seus próprios "talentos e virtudes" (CONSTITUIÇÃO, 1824), na vivência das práticas e costumes constitutivos do cotidiano, a coisa não parecia funcionar bem assim. Precisamente sob este prisma, é evidente que a concepção mais ampla de cidadania aparecia matizada de maneiras bastante peculiares.

Na realidade, uma vez legalmente findas as limitações baseadas na ideia da "mancha de sangue" ou, mais propriamente, do chamado "defeito de cor" – o qual, embora implicasse numa forte estigmatização baseada na ascendência, também podia, conforme o caso, ser apagado ou dispensado, apresentando-se enquanto poderoso mecanismo regulador das formas de distinção social no mundo colonial (VIANA, 2007) –, as disposições do texto constitucional pareciam mesmo apontar para a abertura de novos caminhos e expectativas de ascensão social a muitos indivíduos ditos "de cor".

No entanto, e conforme defendido por diversos autores, a partir daquele período a manutenção da escravidão e também as

---

13   Ainda a este respeito, vale a leitura de Chalhoub (2010).

restrições legais a certos direitos dos libertos se mostrariam cada vez mais fortemente relacionadas à construção de discursos e práticas de teor notadamente discriminatório. De forma que, "apesar da igualdade de direitos civis entre os cidadãos (...) ser reconhecida pela Constituição", era nítido que inúmeros brasileiros enxergados como "não brancos" continuavam a ter "até mesmo o seu direito de ir e vir dramaticamente dependente do reconhecimento costumeiro de sua condição de liberdade" (MATTOS, *op. cit.*, p. 21). Ao afastaram-se de suas redes de relações pessoais, no mais das vezes seus traços de africanidade tendiam a ser encarados, se não como sinais da condição escrava, pelo menos como símbolos de sua memória e, é claro, das restrições civis (e, evidentemente, políticas) que ela implicava (MATTOS, 2009; CHALHOUB, 2010).

Por isso, para muitos estudiosos mais sensíveis a essa problemática, não é de se estranhar que esse quadro tivesse motivado uma série bastante variada de estratégias, particulares e coletivas, de inserção social desses indivíduos na esfera da liberdade ou, conforme o caso, e de maneira mais ampla, no mundo da cidadania (MAMIGONIAN, *op. cit.*).

Em uma sociedade ainda fortemente organizada sob o signo da diferença, os horizontes num primeiro momento descortinados por ocasião das lutas em torno da conquista da independência e, pouco depois, da outorga da Constituição, passavam a abrigar em seu seio múltiplos espaços de conflito em torno das imagens do *cidadão* que se projetavam no panorama sociopolítico de então. Inscrito no interior de muitos deles, autores como Hebe Mattos e Keila Grinberg chamam atenção para o desenrolar de um intenso processo de *racialização* das disputas mais diretamente referidas aos significados da cidadania e ao alcance de seus direitos correlatos. De acordo com o que propõem as historiadoras, ao definir novos parâmetros determinantes das possibilidades – ainda inegavelmente afuniladas, é verdade – de distinção e mobilidade social, a Constituição imperial acentuava um processo (já em curso) de desnaturalização e, mais ainda, de politização das fronteiras entre "brancos" e "não-brancos" na população livre do Brasil oitocentista (MATTOS, *op. cit.*, 2002).

Nessa direção, a perspectiva ou, mais ainda, a suposta *garantia* de igualdade civil que passava a ser oferecida a partir de então vinha motivar a reinvenção de certos mecanismos de distinção ainda tão caros àquela sociedade. Nesse sentido, chamam atenção as inúmeras apropriações de certas categorias de classificação recorrentemente empregadas no período colonial com o fim último de definir *qualidades* e bem marcar certos lugares sociais. Nas palavras de Ivana Stolze Lima (1998), construíam-se identidades e definiam-se alteridades a partir de designativos ditos "raciais", que bebiam nas variações em torno da noção de mestiçagem e de sua progressiva articulação com os projetos políticos que então se achavam em disputa.

Nessa linha, muitos estudiosos afirmam que os anos iniciais do novo Império abriram espaço para a emergência de uma "linguagem racial" no plano da luta política: uma linguagem que passava a ser cada vez mais intensamente utilizada como verdadeiro "dispositivo de combate", tanto nas ruas (em vários momentos de conflito aberto), quanto nas páginas de diversos periódicos (REIS, 1989; LIMA, 2003).

Não por acaso, já pelos inícios da década de 1830, regiões como o Rio de Janeiro testemunhariam a multiplicação de vários pasquins predominantemente tidos como *exaltados* e com os sugestivos títulos *O Brasileiro Pardo, O Crioulinho, O Meia Cara,* e ainda *O Mulato ou O Homem de Cor.* De formas várias, todos eles começavam a arguir publicamente "sobre a igualdade de direitos entre os cidadãos brasileiros, independentemente da cor", tal como garantia a Carta de 1824 (MATTOS, 2000, p. 20).[14]

Mas não só. Ainda para esse contexto, é também Hebe Mattos quem há algum tempo vêm buscando demonstrar o quanto essa mesma igualdade reivindicada pelos indivíduos livres e "de cor" passava a implicar, talvez no mais das vezes, também no *silenciamento* sobre a própria cor, que permanecia como marca de discriminação (MATTOS, 2009, p. 360).

Trocando em miúdos, ao mesmo tempo em que tomava forma uma cultura política bastante singular, especialmente marcada pela "proliferação dos sentidos da mestiçagem" (LIMA, 2003, p. 300) como forma de lidar com os dilemas a partir de então despertados pelo encontro entre as marcas de um passado nem tão distante e as novas regras norteadoras do jogo das relações sociais, a busca pela "cor inexistente" (MATTOS, 1995, cap. 5) era o que parecia estar no horizonte das aspirações mais imediatas de uma grande parcela da população. Na dimensão mais concreta das experiências de vida, era ela que funcionava como um importante mecanismo de distinção. Enquanto tal, também ela vinha a se constituir enquanto signo inegável de cidadania na sociedade imperial (*idem, ibidem*, p. 109). No fundo, e tal como anunciado, poucos anos mais tarde, por um jornal *moderado* de nome *O Independente*, cada vez mais claro ficava que, naquela sociedade, a igualdade continuava a ser tratada como uma "quimera": não por acaso, "a mais perigosa com que se iludem os homens"... (*O Independente*, nº 61, 03/03/1832).

---

14   É interessante destacar, tal como nos lembra Ivana Stolze Lima (1998, p. 163), que as polêmicas e reivindicações iniciadas nas páginas desses periódicos nunca limitavam-se tão somente ao âmbito textual, "ecoando na Câmara dos Deputados, nas reuniões e motins das tropas, nas emboscadas, nas lojas de comércio, nas livrarias, no teatro, em ruas e praças da cidade" do Rio.

A liberdade das repúblicas

Embora Francisco Montezuma não tenha testemunhado a outorga da Constituição pelo imperador e nem tenha podido sentir os seus impactos mais imediatos, ele decerto bem conhecia os princípios sobre os quais ela fora erigida, vindo a ser tocado, inclusive, algum tempo mais tarde, por muitos dos impasses por ela originados. Mas isso logo veremos.

Para já, importa salientar que, em 1831, bem pouco antes da abdicação de D. Pedro I, e apesar de ainda exilado, com alguma surpresa ele seria eleito, em votação bastante apertada, deputado suplente pela Bahia para a segunda legislatura do Império. O fato, é certo, acabou por se constituir em motivação mais que suficiente no que diz respeito a sua decisão por regressar aos trópicos. Em seu retorno, após pouco mais de sete anos marcando passagem por países como Escócia, Irlanda, Bélgica, Holanda e, especialmente, França e Inglaterra, com certeza lhe saltaria aos olhos aquele já sensível recrudescimento das manifestações pelo reconhecimento da igualdade – conforme definida pela Constituição –, ou mesmo pela extensão (jurídica e prática) dos direitos civis então recentemente estabelecidos (GRIMBERG, 2002, p. 32).

De fato, os tempos haviam mudado. Em verdade, e tal como lembrado por Marcello Basile, a "aguda crise política" (BASILE, 2008, p. 207) que marcara os últimos anos do Primeiro Reinado já esboçavam o desenho de uma nova ordem das coisas.

Mais maduro e, sem demora, crítico severo do governo regencial, naquele novo contexto visivelmente marcado não apenas pela "revitalização e a multiplicação dos espaços de sociabilidade política", mas também por uma intensa participação popular (ou uma inegável "politização das ruas" (*idem, ibidem*), "o publicista veemente que fizera seu aprendizado nas lutas da Independência" (VIANNA, *op. cit.*, p. 114) aos poucos voltaria a roubar a cena.

★★★

De maneira geral, é muito provável que as experiências e expectativas acumuladas por Francisco Montezuma no exterior tenham alimentado algumas de suas reflexões sobre o não menos complexo panorama político e social com o qual agora se deparava e no qual se via lançado.

Precisamente nesse sentido, Célia Marinho de Azevedo faz uma proposição interessante. Segundo a historiadora, importante seria não perder de vista que, por volta de apenas um ano antes de sua volta, Montezuma teria testemunhado a sublevação que expulsara os Bourbons do poder e inaugurara um novo regime político na França: a monarquia constitucional de Orléans, encabeçada por Louis Philippe I. Tal como nos lembra Azevedo, inspirada pelas considerações de François Furet, o novo soberano teria se tornado uma referência importante por alcançar a legitimidade necessária à consolidação de seu governo através da união entre o respeito a certos traços característicos de uma sociedade dita "tradicional" (ou de *Antigo Regime*) e a realização de determinadas reformas capazes de acalmar os ânimos e conciliar os interesses, logrando enterrar, assim, a possibilidade de explosão de uma verdadeira guerra civil (AZEVEDO, 2010, p. 105-107).

À primeira vista, é possível que o leitor possa perguntar-se se este voo já não parece demasiado alto. Pelo menos num primeiro momento, creio que não ousaria negá-lo de todo: talvez, de alguma forma, ele realmente o pudesse ser. Contudo, e ainda seguindo os argumentos de Azevedo, ele parece fazer-se mesmo necessário, e assim em razão de um detalhe aparentemente bastante simples, mas com toda certeza para lá de sugestivo.

Lançado em princípios de 1834, *A liberdade das repúblicas* vinha a público como o primeiro livro que, efetivamente, recebia a assinatura de Francisco Montezuma.[15] Sob a forma de um grosso volume com pouco menos de 400 páginas, a obra trazia como epígrafe uma máxima de ninguém menos que Edmund Burke: "A disposition to preserve, and an ability to improve, taken together, would be my standard of a Statesman".[16]

Com aquele livro, Montezuma pretendia discutir as principais facetas e implicações de diferentes formas de governo, em diferentes tempos e espaços. Desejava expor sua opinião sobre o assunto, "especialmente na época em que se trata de reformar a Constituição do Estado e [em que] parece haver passado o princípio de que se possam propor reformas que versem sobre a Base do Sistema de

---

15 Alguns jornais da época atribuem a Francisco Montezuma a redação de um outro de nome *O Catão*, publicado pela Tipografia do Diário, crítico do governo regencial e considerado por estudiosos como Ivana Stolze Lima como um "exemplo de liberalismo culto e moderado" (LIMA, 2003, p. 77). A informação é difícil de ser comprovada, tendo em vista a ampla utilização de pseudônimos por parte da grande maioria dos redatores (e mesmo dos leitores) dos periódicos que então circulavam. Isso, certamente, permitia que não poucos indivíduos, de diferentes formas e em diversas ocasiões, tirassem algum proveito das dúvidas geradas pelo anonimato. Mas, digno de destaque é, ainda, um folheto intitulado *A oposição de 1831 e 1832 justificada, ou Os crimes da administração atual,* à época apresentado como obra dos oposicionistas da Câmara. Segundo Célia Azevedo, para além do conteúdo, cujo teor o próprio título já anunciava, o "estilo profuso, eloquente e recheado de citações em inglês e francês, comparado àquele exibido no livro publicado dois anos depois", era o que conduzia à desconfiança de que aquele impresso de 115 páginas assinado simplesmente *"por um brasileiro amante de sua pátria"* também figurasse entre os escritos de Francisco Montezuma (AZEVEDO, *op. cit.*, p. 107 e 108, nota 93).

16 "Uma disposição para conservar, e uma habilidade para melhorar, tomadas em conjunto, seriam meu padrão de um Homem de Estado". A citação é extraída das *Reflections on the Revolution in France.* A edição, no entanto, não é apontada.

Governo adotado pela Nação" (MONTEZUMA, 1834, p. 3). Aqui, referia-se, claramente, ao famoso Ato Adicional.

Proposto e, inclusive, aprovado e instituído naquele mesmo ano, em meio a inúmeras disputas entre os grupos de poder que compunham o parlamento brasileiro, o Ato colocava em jogo nada menos que o arranjo político-institucional do ainda jovem Império. Ao golpear duramente os propósitos de centralização administrativa e de reforço do elemento monárquico (mesmo que sem se dissociar dos principais códigos, valores e instituições que o sustentavam), ele inaugurava a chamada *experiência republicana* (BASILE, 2009b).

E, era justamente nesse sentido, em que preocupava-se Montezuma. Para ele, no Brasil, ao contrário do que ocorrera na França, não havia quem fosse capaz de desempenhar, de imediato, o papel de um monarca constitucional, tendo em vista a menoridade de D. Pedro II e o caráter "demagógico" de grande parte das ações levadas a cabo pelos Regentes e seus Ministros. A seus olhos, portanto, mais do que nunca a "verdadeira Liberdade" e a "Pública Felicidade" estavam em risco no Império brasileiro (MONTEZUMA, 1834, p. 1).

Contudo, numa jogada inteligente, de quem certamente bem atento estava ao poder e à crescente difusão da palavra impressa, dizia o autor que sua obra não havia sido escrita "para quem sabe a fundo a História, mas sim para quem nem a sabe, nem tempo tem para poder instruir-se com a leitura dos diversos Escritores que no--la tem deixado". Por este motivo, ainda em seus dizeres, naquele "Opúsculo" ele faria constar apenas "o essencial, para que o Povo possa fazer uma ideia distinta da Questão; e adote comigo a doutrina da Epígrafe" então escolhida para abrir aquela publicação (*idem, ibidem*, p. 4).

Unidos, a referência invocada e a singularidade do contexto vivido vinham, assim, indicar o teor de algumas reflexões e de outras tantas inquietações que então ocupavam a mente (e a pena) de nossa personagem.

Pensando nesses termos, acredito ser difícil supormos que as experiências que marcaram a inserção de Francisco Montezuma no ambiente das revoluções liberais e das promessas de liberdade e igualdade civil que carregaram consigo (MATTOS, 2004) tenham deixado de repercutir sobre seu pensamento e sua obra.

Ferrenho defensor da "Santidade da Constituição", naquele contexto social e politicamente tão movimentado ele buscava persuadir seus leitores de que "as Monarquias bem constituídas", isto é, aquelas regidas pelos princípios de um "Sistema Monárquico Representativo" (MONTEZUMA, 1834, p. 339), não apenas eram "Governos mais liberais e mais protetores, particularmente das Classes pobres e industriosas", mas também estavam menos sujeitas

> a preconceitos contra a igualdade natural dos Homens do que as Repúblicas, onde não só se acreditam e tomam substância as distinções sociais, como os preconceitos de Classe são menos generosos, completamente intolerantes e até atrozes. (*idem, ibidem,* p. 3)

E, era particularmente nesse ponto, inclusive como parte de sua ávida defesa em favor da Monarquia Constitucional, que Montezuma chamava atenção para problemas os quais, além de próprios aos regimes republicanos, julgava diretamente relacionados ao "gozo prático" de certos direitos por ele considerados "imprescritíveis" (*idem, ibidem,* p. 1).

Zelando pela coerência de seu discurso, sem abrir mão de suas mais profundas convicções e, principalmente, com base em suas experiências (e também na própria História, grafada assim, com maiúscula), ele atenuava, provavelmente de modo consciente, o gigantesco abismo que separava o ideal pensado e o real vivido no que dizia respeito às formas de compreensão da ideia de igualdade no Império brasileiro.

Recorria, para isso, especialmente à realidade dos Estados Unidos, onde, ao inverso do que deveria acontecer no Brasil, a cidadania e, inclusive, a própria liberdade, há muito encontravam-se fatalmente sufocadas. Naquela república, dizia ele, ainda havia lugar de sobra para "odiosas diferenças". Lá, a "Classe de cor" não recebia "política consideração". "Em vários estados", pontuava, "só os cidadãos brancos gozam dos direitos políticos, isto é, podem ser eleitores e membros do corpo legislativo" (*idem, ibidem*, p. 364).

Assim, naquele que, não por acaso, vinha a ser o capítulo conclusivo de sua obra, o autor se utilizava ainda de uma longa nota de pé de página para fazer referência aos relatos de viagem de um certo Mr. James Stuart, que em meio a suas andanças, teria registrado um grande repertório de práticas consideradas discriminatórias que ainda se faziam vivamente presentes no cotidiano e até mesmo nas instituições do país vizinho. Entre inúmeros exemplos, Montezuma dava-se ao trabalho de recolher uns tantos, entre os quais o de uma lei, aprovada pelos Delegados do Estado da Virgínia, "que proibia dar educação à gente de cor" (*idem, ibidem*, p. 365).

Provavelmente, aquele era o tipo de caso que muito deveria chamar sua atenção. Segundo estudiosos como Sidney Chalhoub, àquela época ainda bem pequeno era o acesso de libertos e negros livres em geral à instrução primária no Brasil (CHALHOUB, 2010, p. 34). Sobretudo por isso, para não poucos homens, a educação era considerada capital valioso (GRINBERG, 2002, p. 71), e certamente ele o sabia.

Para Montezuma, assim como para um de seus velhos conhecidos – o Conselheiro Antônio Pereira Rebouças –, a atmosfera politicamente turbulenta dos primeiros anos da década de 1820 abrira "oportunidades de consecução de alguma notoriedade política" – coisa em outros tempos talvez mesmo impensada para mestiços (ou "mulatos") como ele (*idem, ibidem,* p. 76). No entanto, naquele mesmo contexto, enquanto "já pelas ruas [da vila da Cachoeira] em outra coisa não falavam os pardos, cabras e crioulos" que não no polêmico recrutamento de escravos empreendido pelo General Labatut, ele já direcionava, para outros nortes, a sua luta (*apud* KRAAY, 2002, p. 114).

Ao contrário de muitos daqueles que o cercavam, as promessas mais ou menos implícitas de liberdade não deveriam lhe encher os olhos. Afinal, distante, provavelmente, já por uma ou, quem sabe, por algumas gerações da experiência mais direta do cativeiro, daquele trunfo ele já dispunha. Pertencente a um grupo ainda bastante minoritário de indivíduos diplomados, o domínio das letras, tão fundamental em sua ação na época da Independência, seguramente lhe teria permitido almejar a disputa por outros espaços – quiçá ainda mais cerrados – de distinção.

Por isso, tal como Rebouças, e diferentemente de muitos de seus contemporâneos, ele parecia negar-se a politizar a sua cor, preferindo apostar apenas em seus méritos e qualificações. Afinal, para ele – sobretudo enquanto *cidadão* –, a cor não deveria importar, posto que, naqueles novos dias, teoricamente ela não poderia mais representar qualquer espécie de impedimento.[17]

---

17 A aproximação entre Francisco Montezuma e Antônio Rebouças foi inspirada pela análise de Keila Grinberg, em belíssimo trabalho aqui já anteriormente referido.

Arremate

Talvez antes mesmo do tempo das Regências, e tal como muitos outros letrados daquele período, Francisco Montezuma certamente já tinha consciência de que "suas obras podiam ser transformadas em instâncias de consagração", capazes de fortalecer sua reputação intelectual e abrir-lhe caminho "para atingir um lugar de destaque na *boa sociedade*" do Rio de Janeiro oitocentista (NEVES, 2009b, p. 84).

É verdade que, sobretudo quando da publicação de *A liberdade das repúblicas*, ele já dispunha de fama bastante razoável, sendo figura conhecida tanto na Corte quanto fora dela. Mas, ainda assim, e tal como bem pontuou Lúcia Bastos, é importante considerar que, especialmente nesse período, "o mundo dos livros e impressos" acabava por funcionar enquanto espaço de conversas "para uma elite intelectual em construção, que principiava a fazer o *uso público de sua razão*" (*idem, ibidem*, p. 83-83, grifo meu). Nesse sentido, a escrita passava a ser cada vez mais encarada como instrumento decisivo para formar opinião.

Para muitos autores daquele momento, a palavra impressa, sobretudo sob a forma do periodismo político, passava a conferir uma "dimensão pública" aos acontecimentos, criando uma espécie de arena bastante peculiar, porque própria para os conflitos de valores, ideais e interesses (*idem, ibidem*, p. 83). Passava, assim, a transformar certas formas de sociabilidade e a atingir um público certamente bem mais amplo do que se poderia a princípio imaginar (*idem*, 2004). Mesmo entre uma população predominantemente analfabeta, as ideias veiculadas pelo texto escrito não se encerravam em fronteiras rigidamente delimitadas. Em outras palavras, elas não permaneciam restritas apenas a um diminuto círculo de letrados. Ao contrário, e como já demonstrado por diversos trabalhos, elas circulavam especialmente por meio das leituras coletivas realizadas em voz alta e em diversos espaços comuns. Eram apropriadas e instrumentalizadas de acordo com os mais variados anseios, experiências e visões de mundo.

Principalmente por isso, em tempos de surgimento e de notável multiplicação de periódicos, folhetos, panfletos e folhas volantes (*idem*, 2008), não era difícil vislumbrar o quanto o mundo das letras se relacionava e, arrisco dizer, também constituía o mundo da política. Em tal pano de fundo, a escrita, a leitura, e a própria discussão de obras manuscritas ou impressas não só convidava à tecelagem de múltiplas redes de relações, como também, nesse sentido, acabava por funcionar como ferramenta deveras eficaz no campo da ação política.

Todavia, devemos lembrar que ainda que as letras tenham garantido a Francisco Montezuma uma boa dose de *capital simbólico* (BOURDIEU, 2003) para manter vivo o reconhecimento de que desfrutava, sobretudo, entre as elites políticas e intelectuais daquela agitada década de 1830, nem mesmo elas lhe fariam imune "ao turbilhão provocado pelas articulações" e redefinições que marcariam os principais grupos de poder durante a passagem ao Segundo Reinado (BASILE, 2009b, p. 187). Embora apoiador da antecipação da maioridade de D. Pedro II, pouco tempo depois da subida ao trono do novo Imperador ele sairia debaixo do alcance da luz dos holofotes.

Em inícios dos anos 1840, os novos contornos da situação político-partidária no Império – frutos, essencialmente, do complexo rearranjo de forças já inicialmente delineado a partir da aprovação do Ato Adicional (*idem, ibidem*) – o fariam se declarar, embora não pela primeira vez, como "politicamente independente". Buscaria, assim, refúgio nos bastidores da política, passando a dedicar-se, basicamente, à advocacia. Provavelmente por isso, participaria da fundação do Instituto dos Advogados Brasileiros, sendo eleito seu primeiro presidente, em 1843.

No entanto, e talvez para nem tão grande surpresa de muitos daqueles que o cercavam, já em 1847 ele retornaria ao centro das atenções como deputado provincial pelo Rio de Janeiro, chegando à posição de Conselheiro de Estado apenas três anos depois. Em 1851, após algumas tantas e malogradas tentativas, seria finalmente nomeado membro vitalício do Senado.[18] Em 1854, receberia do imperador o título que lhe consagraria para a posteridade: Visconde de Jequitinhonha. Ao contrário de alguns de seus antigos pares, que àquela altura já amargavam um irrefreável ostracismo político, Montezuma voltaria, assim, em pleno *tempo saquarema,*[19] com força total. Polêmico e decididamente atuante até os seus últimos dias de vida – que teriam lugar em princípios da década de 1870, quando o regime monárquico passaria a manifestar notórios sinais de desgaste –, ele construiria uma carreira de fazer inveja a muitos contemporâneos.

No entanto, ainda assim não se pode dizer que sua trajetória não abrigue algumas tantas zonas de sombra. Entre elas, eu destacaria uma, em particular, quase que sob a forma de uma provocação. Refiro-me, aqui, àquela que diz respeito às dimensões e aos alcances, retóricos e reais, da crença numa ideia tão cara a tantos homens

---

18　Como tal, se envolveria em acaloradas discussões e acirradas polêmicas ao apresentar projetos que defendiam a extinção gradual da escravidão, e também ao se posicionar favoravelmente à guerra contra o Paraguai. Quanto a esta questão, publicaria, no Rio de Janeiro, em 1865, um *Protesto do Senador Visconde de Jequitinhonha contra a intervenção dos aliados no sítio e rendição da cidade de Uruguaiana.* Vários contraprotestos e impugnações seriam redigidos em resposta, com destaque para aquele assinado por Quintino Bocaiúva. Todos estes documentos podem ser encontrados na Biblioteca Nacional, no Rio de Janeiro.

19　Tal como refere Mattos (2004).

O Oitocentos entre livros... 255

daquele tempo: a de que "a universalização dos princípios liberais de igualdade" – por permitir a ascensão social individual exclusivamente em função de talentos e virtudes –, "por si só poderia fazer com que as diferenças entre as cores deixassem de existir" (GRINBERG, 2009, p. 290).

Inscrita, tanto quanto possível, nos limites deste texto, tal problemática dificilmente pode ser ignorada ao refletirmos acerca das estratégias e concepções que balizaram o trânsito (ou as "fortunas e desventuras") de indivíduos como Francisco Montezuma por entre os circunscritos mundos das letras e da política do Brasil imperial.

Parte essencial de uma trama cuidadosamente tecida no confronto cotidiano de múltiplas aspirações e possibilidades, a questão é espinhosa e ainda instiga nossa historiografia. Sobretudo numa época marcada pela explosão dos debates em torno das chamadas "ações afirmativas" e das não poucas "demandas sociais por políticas, direitos e deveres de memória" (ABREU; MATTOS; DANTAS, 2009, p. 197), as reflexões que suscita nos fazem mais próximos de faces ainda bastante controvertidas de nosso passado. No fim das contas, são os traços mais profundos de cada uma delas que, quando perscrutados, nos ajudam a questionar também as feições de nosso próprio tempo.

Bibliografia

ABREU, Martha; MATTOS, Hebe & DANTAS, Carolina Vianna. "Em torno do passado escravista: as ações afirmativas e os historiadores". In: ROCHA, Helenice; MAGALHÃES, Marcelo; GONTIJO, Rebeca (orgs.). *A escrita da história escolar: memória e historiografia*. Rio de Janeiro: FGV, 2009, p. 181-197.

AZEVEDO, Célia Maria Marinho de. *Maçonaria, Anti-Racismo e Cidadania – uma história de lutas e debates transnacionais*. São Paulo: Annablume, 2010.

BARATA, Alexandre Mansur. *Maçonaria, Sociabilidade Ilustrada e Independência do Brasil (1790-1822)*. São Paulo: Annablume, 2006.

BASILE, Marcello. "O laboratório da nação: a era regencial (1831-1840)". In: GRINBERG, Keila & SALLES, Ricardo (org.). Coleção O *Brasil Imperial, vol. II (1831-1870)*. Rio de Janeiro: Civilização Brasileira, 2009a, p. 53-119.

_____. "O 'negócio mais melindroso': reforma constitucional e composições políticas no Parlamento regencial (1831-1834)". In: NEVES, Lúcia Maria Bastos P. das (org.). *Livros e Impressos — retratos do Setecentos e do Oitocentos*. Rio de Janeiro: EdUERJ, 2009b, p. 185-219.

_____. "Linguagens, pedagogia política e cidadania: Rio de Janeiro, cerca de 1830". In: RIBEIRO, Gladys Sabina (org.). *Brasileiros e cidadãos: modernidade política (1822-1930)*. São Paulo: Alameda, 2008, p. 207-224.

_____. "Revolta e cidadania na Corte regencial". In: *Tempo*, vol.11, nº. 22. Rio de Janeiro, 2007 — p. 31-57.

BOURDIEU, Pierre. *O poder simbólico*. Rio de Janeiro: Bertrand Brasil, 2003.

CARVALHO, José Murilo de. *A construção da ordem: a elite política imperial / Teatro de sombras: a política imperial*. Rio de Janeiro: Civilização Brasileira, 2010, 5ª. edição.

CARVALHO, José Murilo de & NEVES, Lúcia Maria Bastos Pereira das (orgs.). *Repensando o Brasil do Oitocentos — cidadania, política e liberdade*. Rio de Janeiro: Civilização Brasileira, 2009.

CARVALHO, José Murilo de (org.). *Nação e Cidadania no Império — novos horizontes*. Rio de Janeiro: Civilização Brasileira, 2007.

CARVALHO, José Murilo de. *"História intelectual no Brasil: a retórica como chave de leitura"*. In: *Topoi* - Revista de História, n°.1. Rio de Janeiro, 2002 – p. 123-152.

CHALHOUB, Sidney. *Visões da liberdade: uma história das últimas décadas da escravidão na corte*. São Paulo: Companhia das Letras, 1990.

CHALHOUB, Sidney. "Precariedade estrutural: o problema da liberdade no Brasil (século XIX)". In: *História Social*, n°. 19. São Paulo, segundo semestre de 2010 – p. 33-69.

CONSELHO Interino ao Ministro do Império, Cachoeira, 16 de abril de 1823. In: *Revista do Instituto Geográfico e Histórico da Bahia*, vol. 17. Bahia, 1898 - p. 362-364.

CONSTITUIÇÃO Política do Império do Brasil (de 25 de Março de 1824). Disponível em: <http://www.planalto.gov.br/ccivil_03/constituicao/Constitui%C3%A7ao24.htm>. Acesso em: 04/10/2012.

FARIA, Sheila de Castro. *Sinhás pretas, damas mercadoras: as pretas minas nas cidades do Rio de Janeiro e de São João Del Rey (1700-1850)*. Niterói, RJ: Tese apresentada em Concurso para Professor Titular em História do Brasil, UFF, 2004.

GILROY, Paul. *O Atlântico Negro – Modernidade e Dupla Consciência*. Rio de Janeiro: Editora 34/UCAM – Centro de Estudos Afro-Asiáticos, 2002.

GRINBERG, Keila. *O Fiador dos Brasileiros – direito civil, escravidão e cidadania no tempo de Antônio Pereira Rebouças*. Rio de Janeiro: Civilização Brasileira, 2002.

_____. "A Sabinada e a politização da cor na década de 1830". In: GRINBERG, Keila & SALLES, Ricardo (org.). Coleção *O*

Brasil Imperial, vol. II (1831-1870). Rio de Janeiro: Civilização Brasileira, 2009.

GUIMARÃES, Lucia Maria Paschoal. "Francisco Gê Acaiaba Montezuma". In: VAINFAS, Ronaldo (Dir.). *Dicionário do Brasil Imperial*. Rio de Janeiro: Objetiva, 2002, p. 291-292.

JANCSÓ, István. "A Sedução da Liberdade – Cotidiano e Contestação Política no final do século XVIII". In: SOUZA, Laura de Mello e (org.). *História privada no Brasil: cotidiano e vida privada na América Portuguesa*. São Paulo: Companhia das Letras, 1997, p. 387-437.

KRAAY, Hendrik. "'Em outra coisa não falavam os pardos, cabras, e crioulos': o 'recrutamento' de escravos na guerra da independência na Bahia". In: *Revista Brasileira de História*, vol. 22, n°. 43. São Paulo, 2002 - p. 109-128.

LIMA, Ivana Stolze. *Cores, marcas e falas: sentidos da mestiçagem no Império do Brasil*. Rio de Janeiro: Arquivo Nacional, 2003.

_____. "Com a palavra, a cidade mestiça. Imprensa, política e identidade no Rio de Janeiro, 1831-1833". In: MATTOS, Ilmar Rohloff de (org.). *Ler e escrever para contar: documentação, historiografia e formação do historiador*. Rio de Janeiro: Access, 1998, p. 161-184.

MAMIGONIAN, Beatriz Gallotti. "Razões de direito e considerações políticas: os direitos dos africanos do Brasil oitocentista em contexto atlântico". In: *Anais do V Encontro Escravidão e Liberdade no Brasil Meridional*. Porto Alegre, RS: Universidade Federal do Rio Grande do Sul, maio de 2011.

MATTOS, Hebe. "Racialização e cidadania no Império do Brasil". In: CARVALHO, José Murilo de & NEVES, Lúcia Maria Bastos Pereira das (orgs.). *Repensando o Brasil do Oitocentos – cidadania, política e liberdade*. Rio de Janeiro: Civilização Brasileira, 2009.

_____. *Biografia, Racialização e Memória do Cativeiro na História do Brasil*. Tese (Concurso para Professor Titular em História do Brasil). Niterói, RJ: UFF, 2004.

_____. *Escravidão e cidadania no Brasil monárquico*. Rio de Janeiro, Jorge Zahar, 2000.

_____. *Das cores do silêncio: os significados da liberdade no sudeste escravista – Brasil, séc. XIX*. Rio de Janeiro: Arquivo Nacional, 1995.

MATTOS, Ilmar Rohloff de. *O Tempo Saquarema*. Rio de Janeiro: Hucitec, 2004, 5ª. edição.

MONTEZUMA, Francisco. *A liberdade das repúblicas*. Rio de Janeiro: Typ. do Diário de N. L. Vianna, 1834.

NEVES, Lúcia Maria Bastos Pereira das. "Regeneração Política no Brasil: os movimentos de 1821/1822 na Bahia e os primórdios da edificação do Império do Brasil". In: *Anais do XXVI Simpósio Nacional de História* – ANPUH - São Paulo, julho de 2011.

_____. "Constituição: usos antigos e novos de um conceito no Império do Brasil (1821-1860)". In: CARVALHO, José Murilo de Carvalho & NEVES, Lúcia Maria Bastos Pereira das (orgs.). *Repensando o Brasil do Oitocentos – cidadania, política e liberdade*. Rio de Janeiro: Civilização Brasileira, 2009a, p. 181-205.

_____."Dos avisos de jornais às resenhas como espaços de consagração (1808-1836)". In: _____. (org.). *Livros e Impressos – retratos do Setecentos e do Oitocentos*. Rio de Janeiro: EdUERJ, 2009b, p. 55-89".

_____. "Nem as margens ouviram". In: *Revista de História da Biblioteca Nacional*, n°. 48. Rio de Janeiro, 2009c - p. 18-21.

NEVES, Lucia Maria Bastos P.; MOREL, Marco; FERREIRA, Tânia Maria Bessone da C. (org.). *História e imprensa. Representações culturais e práticas de poder*. Rio de Janeiro: Faperj/DP&A, 2006.

NEVES, Lúcia Maria Bastos Pereira das. "Impressos enquanto instrumentos de poder das elites no Brasil-Reino: novas possibilidades". In: *Anais do XI Encontro Regional de História da ANPUH – Democracia e Conflito*. Rio de Janeiro, setembro de 2004.

_____. *Corcundas e constitucionais – a cultura política da independência (1820-1822)*. Rio de Janeiro: Revan/FAPERJ, 2003.

OFÍCIO do Conselho Interino de Governo da Bahia dirigido a Francisco Gomes Brandão Montezuma e Simão Gomes Ferreira Veloso, deputados pelo mesmo Conselho ante S.M.I., levando ao conhecimento do Imperador notícias referentes à luta contra os portugueses e solicitando providências contra os desmandos do General Labatut. Cachoeira, 16 de dezembro de 1822. In: Seção de Manuscritos, Biblioteca Nacional (RJ). Localização: MS-512 (67) D. 1318B.

REIS, João José. "O jogo duro do dois de julho: o 'Partido Negro' na independência da Bahia". In: REIS, João José & SILVA, Eduardo. *Negociação e conflito: a resistência negra no Brasil Escravista*. São Paulo: Companhia das Letras, 1989, p. 79-98.

RIBEIRO, Gladys Sabina (org.). *Brasileiros e cidadãos: modernidade política (1822-1930)*. São Paulo: Alameda, 2008.

RIBEIRO, Gladys Sabina. *A liberdade em construção. Identidade nacional e conflitos antilusitanos no Primeiro Reinado*. Rio de Janeiro: FAPERJ/ Relume Dumará, 2002.

SILVA, Maria Beatriz Nizza da. *Diário Constitucional: um periódico baiano defensor de D. Pedro – 1822*. Salvador: EDUFBA, 2011.

SISSON, Sébastien Auguste (Ed.). "Visconde de Jequitinhonha". In: _____. *Galeria dos brasileiros illustres (os contemporaneos), retratos dos homens mais illutres do Brasil, na politica, sciencias e letras, desde a guerra da independencia até os nossos dias*, vol. 2. Rio de Janeiro: Lithographia de Sébastien Auguste Sisson, 1861.

SLEMIAN, Andréa. "À nação independente, um novo ordenamento jurídico: a criação dos Códigos Criminal e do Processo Penal na primeira década do Império do Brasil". In: RIBEIRO, Gladys Sabina (org.). *Brasileiros e cidadãos: modernidade política (1822-1930)*. São Paulo: Alameda, 2008, p. 175-206.

SOUZA, Iara Lis Carvalho. *Pátria Coroada. O Brasil como corpo político autônomo, 1780-1831*. São Paulo: Editora Unesp, 1999.

VIANA, Larissa. *O idioma da mestiçagem: as Irmandades de Pardos na América Portuguesa*. Campinas: Editora Unicamp, 2007.

VIANNA, Hélio. "Francisco Gê Acaiaba de Montezuma, Visconde de Jequitinhonha". In: *Revista do Instituto Histórico e Geográfico Brasileiro, vol. 244*. Rio de Janeiro, julho-setembro de 1959.

Este livro foi impresso em São Bernando do Campo pela Assahi Gráfica & Editora, no outono de 2014. No texto foi utilizada a fonte Bembo em corpo 10,5 e entrelinha de 15,5 pontos.